ESCUDERO
DE DIOS

LIBROS 1 y 2

Cómo servir a los líderes de Dios

Terry
NANCE

Unilit   Sepa

El escudero de Dios (Libro 1 y 2)

Publicado por
Unilit
Medley, FL 33166

Primera edición 2015 (Serie Favoritos)

Producto 496972
ISBN 0-7899-1930-3
ISBN 978-0-7899-1930-4

Impreso en Colombia / *Printed in Colombia*

Categoría: Vida cristiana / Crecimiento espiritual / General
Category: Christian Living / Spiritual Growth / General

EL ESCUDERO DE DIOS

LIBRO 1

EL ESCUDERO DE DIOS

Cómo servir a los líderes de Dios

TERRY NANCE

Unilit

Sepa

Publicado por
Unilit
Medley, FL 33166

Primera edición 1998

© 1990 por Terry Nance
Originalmente publicado en inglés con el título:
God's Armorbearer por Terry Nance.
Publicado por Harrison House, Inc.
Tulsa, Oklahoma.
Todos los derechos reservados.

Traducción: Nellyda Pablovsky

El texto bíblico ha sido tomado de la versión Reina-Valera © 1960
Sociedades Bíblicas en América Latina; © renovado 1988 Sociedades
Bíblicas Unidas. Utilizado con permiso.
Reina-Valera 1960® es una marca registrada de la American Bible Society, y
se puede usar solamente bajo licencia.

Producto 495025
ISBN 0-7899-0459-4
ISBN 978-0-7899-0459-1

Impreso en Colombia / Printed in Colombia

Categoría: Vida cristiana /Crecimiento espiritual /General
Category: Christian Living /Spiritual Growth /General

Dedicación

Este libro es amorosamente dedicado a
mi mamá, Jean Nance,
una mujer de Dios, de amor, oración y fidelidad.

Un agradecimiento especial para
Mike Camacho
por el material que me facilitó
del estudio de la palabra *escudero*

Contenido

Contenido

Prefacio

*El siervo mimado desde la niñez por su amo, a la postre
será su heredero* (Proverbios 20:21).

Esta porción de las Escrituras describe, exactamente, la
relación espiritual entre Terry Nance y yo.

A medida que Terry se entregaba a Dios para realizar
su llamado, el misterio de un verdadero escudero comenzó a hacerse evidente y a florecer.

Este libro debería ser recomendado a cada pastor y a
cada asociado en el cuerpo de Cristo. Debe ser usado como
libro de texto en cada colegio bíblico y universidad.

Si permitimos que el carácter de Cristo se desarrolle
en cada uno de nosotros y nos servimos unos a otros,
llegaremos a la unidad de la fe, y del conocimiento del
Hijo de Dios, a un hombre perfecto, a la medida de la
estatura de la plenitud de Cristo.

Happy Caldwell
Iglesia Ágape
Little Rock, Arkansas
E.E.U.U.

1

La revelación de un escudero

Una noche en 1982, sentí grandes deseos de estar a solas con el Señor. Me dirigí a la sala y comencé a orar. Súbitamente sentí en mi espíritu que debía leer la historia de David y Saúl. Yo sabía que el Señor me iba a revelar algo.

Al comenzar a leer llegué a I Samuel 16:21:

> *Y viniendo David a Saúl, estuvo delante de él;*
> *y él le amó mucho, le hizo un paje de armas.*

De repente el Señor iluminó la palabra *paje de armas* o *escudero* en mi espíritu. Él me dijo: "Te he llamado a ser el *escudero* del Pastor Caldwell".

¿Qué hace un escudero? En los tiempos del Antiguo Testamento, el escudero era el responsable de llevar el escudo de su amo en medio de la batalla. Él tenía la gran responsabilidad de velar por la seguridad del oficial.

En ese momento de mi vida, Dios estaba poniendo mis prioridades en orden. Es mi oración que, al leer este libro, Él haga lo mismo en ti.

El espíritu de un escudero

Vivimos en un mundo que sabe muy poco acerca de dar su vida por otros. Es de vital importancia que el cristiano tenga completo entendimiento de este concepto, especialmente si sabe que ha sido llamado al ministerio.

En vez de ofrecernos al servicio de los demás, nosotros en la Iglesia esperamos que otros nos sirvan. En particular esta es la postura que tomamos hacia el hombre o la mujer de Dios.

Tú y yo nunca podemos movernos en una unción como la de Eliseo hasta que no hayamos aprendido a servir a un Elías. Jesús dijo:

Nadie tiene mayor amor que este, que uno ponga su vida por sus amigos.

Juan 15:13

No es difícil decir que estamos sujetos a Jesús, pero la pregunta es: ¿estamos sujetos a otro ser humano? Ahí la historia cambia.

Un día le pregunté a Dios: "¿Qué pasará con mis sueños y mis deseos?" Él me dijo que se los entregara a Él y que me dedicara a realizar los deseos y visiones de mi pastor, asegurándome que si lo hacía, Él se encargaría de que mis sueños y deseos fueran realizados. Él me recordó que eso fue exactamente lo que hizo Jesús. Él cedió Su propia voluntad y deseos para hacer la voluntad del Padre en Su vida. A su vez, el Padre se aseguró de que los sueños y visiones de Jesús fueran realizados.

El propósito de este libro es darte una revelación *del espíritu de un escudero* en tu relación con el hombre o la mujer de Dios en tu vida.

La necesidad de un escudero

Mi pastor entiende mi llamado y la unción de Dios en mi vida, y es su deseo verlos realizados. Por otra parte, yo entiendo mi deber, dado por Dios, de apoyar a mi pastor y ayudarlo a realizar la visión que Dios nos ha dado, y someterme completamente a Él.

Hay un gran temor hoy en día entre muchos pastores de que sus asociados están tratando de robarles las ovejas. Como resultado, hay poca confianza entre el pastor y su asistente, no hay acuerdo entre ellos. Yo creo que Dios tiene a alguien preparado para cada pastor (y otros dentro de los cinco ministerios), alguien que apoye al pastor en el ministerio.

Yo veo grandes ministerios que son levantados alrededor de una persona. ¿Qué sucederá cuando esa persona se vaya? El saber que las ovejas no pueden funcionar cuando el pastor sale de viajes, no dice mucho a favor del pastor, o de cualquier hombre de Dios. Las ovejas deben poner sus ojos en Jesús, no en el pastor. Y debe haber hombres capaces de llevar el ministerio cuando el pastor se ausenta.

¿Dónde estaríamos hoy si Jesús no hubiera puesto una porción de sí mismo en los doce discípulos? ¿Qué hubiera pasado si, en el día que Él ascendió al Padre, nadie lo hubiera visto irse y que luego se encargara de Su ministerio en la tierra?

Yo le hago esta pregunta de suma importancia a cada pastor o líder espiritual: ¿Si tú fueras sacado de la escena hoy, dónde estaría tu ministerio mañana? Muchos tendrían que admitir que el ministerio sufriría. El ministerio de Jesús creció y se multiplicó. Eso fue porque había escuderos apoyándolo.

Definición de la palabra *escudero*

La palabra *escudero* aparece dieciocho veces en la concordancia de Strong. Todas las referencias son del Antiguo Testamento. Cada una tiene dos números de referencia, indicando que la palabra fue traducida originalmente de *dos* palabras hebreas.

Antes de dar comienzo al estudio de las escrituras donde aparece esta palabra, vamos a considerar su significado original, el cual debe quedar firmemente establecido si el verdadero significado del término ha de ser comprendido de lleno.

Como habrás notado, la palabra escudero fue traducida de dos palabras hebreas. La primera es "nasa" o "nacah". Esta es una palabra primaria cuyo significado primitivo es "levantar". Tiene una gran variedad de aplicaciones, tanto figurativas como literales. Algunas de las aplicaciones más interesantes son: aceptar, avanzar/adelantar, tolerar, sobrellevar, llevarse, lanzar, desear, suministrar, promover, dar, ayudar, levantar en alto, elevar, perdonar, subir, estimar, respetar, avivar, ceder.

La segunda palabra hebrea es "keliy", de la raíz "kalah", que significa "poner fin". Algunas de las aplicaciones de esta palabra raíz son: completar, consumir, destruir totalmente, terminar, acabar, obtener por completo, arrasar por completo.

De estas dos palabras hebreas, podemos ver que el deber del escudero era estar al lado de su líder para asistirlo, ponerlo en alto, y protegerlo de cualquier enemigo que le pudiera atacar.

Desarrollando el espíritu de un escudero

Mi propósito al escribir este libro no es para jactarme de cuán humilde soy por servir a mi pastor, sino para ayudar a poner fin a la división en el cuerpo de Cristo. Como todos los que leen este libro, yo también tengo que luchar contra la tentación de involucrarme en contiendas, y rehusar a someter ciertas áreas de mi vida. Pero el Señor me ha dado gracia, y he aprendido a llamarlo a Él y a confiar completamente en que Él dirigirá mis pasos.

Tú también puedes ser liberado de la rebeldía y las contiendas, cuando desarrolles el espíritu de un escudero.

Aunque este libro es escrito desde el punto de vista y posición de un ministro asociado, por favor no pienses que no se puede aplicar a ti. Ayudará a cualquiera que sea parte del cuerpo de Cristo y que desea realizar su llamado divino. A la persona que ministra en algunos de los cinco ministerios mencionados en I Corintios 12, le diré: "Nunca llegarás a un lugar donde no tengas que someterte a alguien. El espíritu de un escudero es el espíritu de Cristo. Es el corazón de un servidor".

Ahora veamos la función de un escudero.

2

La función de un escudero

Al examinar la función de un escudero, quiero que permitas que el Espíritu Santo toque tu corazón y te revele dónde has fallado con tus líderes espirituales. Toma la decisión seria de librarte de cualquier indicio de rebeldía, contienda, competencia, y rencor; decidiéndote a ocupar fielmente tu lugar en el cuerpo de Cristo.

La función principal de uno que ha sido designado como escudero, es de servicio, debe ayudar a asistir a otro. Veamos las diferentes formas que toma este servicio.

Los deberes de un escudero

Un escudero...

1. Debe fortalecer a su líder

Sólo por su presencia, un verdadero escudero siempre demostrará y producirá una actitud de fe y paz.

Si vas a tener éxito en tu servicio como escudero para tu pastor, él debe percibir el gozo y la victoria como parte integral de tu vida. Eso solo le ministrará. Es de gran alivio para el pastor saber que no tiene que sostener a su asistente física, mental y espiritualmente. Muchas veces he visto pastores agotados física y emocionalmente porque su asociado siempre necesita algo. Tu pastor tiene suficientes ovejas que atender; él no necesita otra. Tú debes estar asistiéndole, proveyéndole descanso mental y corporal al demostrarle que tu fe es fuerte y activa.

2. Debe tener un hondo sentido de respeto hacia su líder, y aceptación y tolerancia a la personalidad del líder y su forma de hacer las cosas.

Dios nos hizo a todos diferentes. Por lo menos cincuenta por ciento del tiempo, la forma en que tu pastor hace las cosas va a ser diferente a como las harías tú. Esa diferencia no debe causar problemas entre tu líder espiritual y tú.

Varios años atrás, aprendí un secreto que me ha ayudado a estar en armonía con mi pastor. Llegué a la conclusión de que si el resultado del plan de mi pastor es edificar y extender el reino de Dios y ganar almas, entonces estoy dispuesto a seguir ese plan. Aunque nuestros métodos sean diferentes, nuestra meta es la misma. Porque ¿qué importancia tiene cuáles métodos sean usados, siempre que la meta sea alcanzada?

Si adoptas esa actitud hacia tu pastor, habrá unión entre los dos. Él sabrá que no estás ahí para llevarle la contraria o para retar sus decisiones, sino para trabajar con él y para ayudarlo a alcanzar sus objetivos divinos.

3. Debe entender los pensamientos de su líder, instintivamente.

Me parece escuchar lo que estás pensando ahora: "Mi pastor y yo no pensamos igual". Eso es cierto; no hay dos personas que piensen igual. Y ese es uno de los problemas que enfrentaremos al ser el escudero de otro.

En vez de quejarte de las diferencias, comienza a concentrarte y a confesar el área donde están de acuerdo. Di así: "En el nombre de Jesús, yo entiendo la forma de pensar de mi pastor y estoy de acuerdo con él en el espíritu de entendimiento".

Recuerda que los discípulos estuvieron con Jesús durante tres largos años y aun así no empezaron a pensar como Él hasta después de su muerte, después de haber sido enterrado y resucitado, ascendió al cielo y envió al Espíritu Santo. De la misma forma en que el Espíritu de Dios fue impartido a estos hombres, después de un tiempo, el espíritu de tu pastor vendrá sobre ti, y los dos serán de un mismo pensar.

4. Debe caminar de acuerdo con su líder y estar sujeto a él.

Para ser un escudero, debes tener bien establecido en tu corazón que según Romanos 13:1,2 toda autoridad es establecida por Dios. Debes tomar la decisión de someterte a tu pastor en la misma forma en que te sometes a Jesús.

La mayoría de los cristianos no entienden el verdadero significado de la sumisión a la autoridad. La Biblia enseña que toda autoridad ha sido establecida por Dios, así que negarse a someterse a la autoridad delegada por Dios es lo mismo que negarse a someterse a Dios.

"¡Oh, pero yo siempre me someto a Dios!"

Este es el comentario que escucho con frecuencia. Pero, ¿cómo una persona va a decir que está sometida a Dios si él o ella rehúsa someterse a la autoridad delegada por Dios?

No debemos fijarnos en la persona, sino en el cargo que ocupa. No miramos al hombre, sino la posición. Obedecemos, no al individuo, sino a la autoridad divina en él. Algo menos que sumisión total es rebeldía y la rebeldía es el principio sobre el cual Satanás y su reino operan.

Es triste pensar que nosotros los cristianos podemos predicar la verdad con nuestros labios, y que seguimos viviendo nuestras vidas bajo un principio satánico. ¿Cómo podemos predicar el Evangelio a otros y traerlos bajo la autoridad de Dios si nosotros mismos no nos hemos sometido totalmente a esa autoridad?

En estos días, hay un espíritu de independencia que anda suelto en el cuerpo de Cristo. Las iglesias independientes producen espíritus independientes. Debemos romper ese espíritu y todo el cuerpo de Cristo comenzar a discernir correctamente.

El apóstol Pedro nos dice: "Igualmente, jóvenes, estad sujetos a los ancianos." (I Pedro 5:5). En este mandamiento no hay condiciones, excepto en el caso de un anciano que esté dando instrucciones en directa violación a las Escrituras. Entonces el creyente debe obedecer la autoridad suprema, la cual es la Palabra de Dios.

Siempre recuerda lo siguiente: Dios nunca te establecerá como una autoridad hasta que tú no aprendas a someterte a la autoridad primero.

5. Debe hacer que el ascenso de su líder sea su meta más importante.

Cuando yo le pregunté al Señor: "¿Qué pasará con mis sueños y mis metas, con la visión que tú has puesto en *mi* corazón?" Él me dijo: "Hijo, tú no debes vivir por el cumplimiento de tus sueños o visiones. Que tu meta sea alcanzar los sueños de tu pastor, y yo me encargaré de que los tuyos se cumplan".

Puedo decirte con honestidad que eso es exactamente lo que Dios ha hecho en mi vida. Doce años atrás tuve la visión de alcanzar a muchas almas en muchas naciones. En 1982, la visión comenzó a realizarse. He viajado a más de veinte países, y he predicado en la mayoría de ellos. Ahora estamos estableciendo iglesias y escuelas bíblicas en cinco de esas naciones. Todo esto ha sucedido porque yo me decidí a hacer lo que Jesús hizo; Él sacrificó sus propios deseos para cumplir la voluntad del Padre. Si tú haces lo mismo, Dios te exaltará, sin importar las circunstancias que puedas enfrentar.

6. Debe poseer una fuerza inagotable para lanzarse, empujar y forzar su camino hacia adelante sin darse por vencido a pesar de ser maltratado.

Pues ¿qué gloria es, si pecando sois abofeteados, y lo soportáis? Mas si haciendo lo bueno sufrís, y lo soportáis, esto ciertamente es aprobado delante de Dios.

I Pedro 2:20

Esta escritura nos indica que llegarán momentos cuando tú y yo seremos juzgados injustamente. Estas situaciones acontecerán, pero no permitas que Satanás ponga resentimiento en tu corazón. Aprende a entregarle la situación al Señor y soporta lo que venga con paciencia; así Dios estará complacido contigo.

Es posible que tú sepas en tu corazón que has tomado la decisión correcta acerca de algún asunto; pero a los ojos de tu líder, parezca errónea. Momentos como estos desarrollarán tu carácter, si caminas en amor, permitiendo que el Espíritu Santo de Dios se haga cargo de la situación. Siempre tendrá fuerzas si te animas en el Señor, como hacía David en I Samuel 30:6.

Lo más fácil es darse por vencido y decir: "Bueno aquí nadie me estima; fui reprendido y yo sé que tenía razón en lo que hice". No le des lugar a la carne. Ponte a orar y quédate allí hasta que I Pedro 2:20 sea parte de tu ser. La victoria vendrá y dirás como David: "Bendeciré a Jehová en todo tiempo" Salmo 34:1.

7. *Debe seguir las órdenes inmediata y correctamente.*

Para ser un buen líder, uno debe ser un buen seguidor. Y ser un buen seguidor significa ponerle cuidado a las cosas con rapidez y eficacia. Si aspiras ser un líder, entonces al que hoy le sirves debe confiar en que tú cumplirás con sus direcciones. Aquí están algunas claves sencillas que te ayudarán a ser un mejor seguidor para que algún día puedas ser un buen líder:

Primero, asegúrate de tomar nota de todo. Sé que debes estar pensando: "¡Muchacho, qué revelación!"

Pero seamos prácticos. Dios mandó que todo fuera escrito para que así nada se olvidara. No nos atrevamos a hacer menos de lo que Dios hizo. Apunta las órdenes de tu líder como un mesero toma las órdenes de comida. Asegúrate de que tu líder reciba exactamente *lo que pidió*

Segundo, pide a tu líder que te explique lo que no entiendas. Asegúrate de que tienes la información correcta antes de comenzar a cumplirlas. Muchas veces representamos mal a nuestro líder porque malinterpretamos lo que él dijo.

Tercero, trata de que tus órdenes sean prioritarias. ¡Cuando se te pida hacer algo, hazlo inmediatamente! Es de bendición para mí cuando mi secretaria es eficiente. Su eficiencia me ministra. Tú tendrás los mismos resultados cuando pongas empeño en cumplir tus instrucciones rápida y correctamente.

8. Debe apoyar a su líder

Todo pastor necesita un grupo de partidarios fieles, especialmente entre los asociados y empleados. La palabra partidarios significa "aquel que apoya o levanta; uno que sostiene; un consejero; aquel que mantiene; un defensor".

Contrario a la creencia popular, los pastores son tan humanos como cualquiera de nosotros. Ellos se sienten heridos; cometen errores; se frustran y se molestan; y muchas veces enfrentan desaliento y desánimo. Nuestro trabajo como escuderos es levantar, sostener, mantener y defender a nuestro líder, estando presente para que en momentos de necesidad él se apoye en nosotros.

Ahora mismo, mientras escribo esto, me río porque me parece oír la voz de algún empleado o asociado diciendo: "¿Y *yo*? ¿Qué sucederá con *mi* dolor, *mis* heridas y problemas?" Francamente, en el cuerpo de Cristo hay demasiados bebés. Es tiempo de comenzar a dar nuestras vidas por otros, poniendo nuestra confianza en que Dios se hará cargo de nuestras heridas y frustraciones.

Hay asociados que su único deseo y meta es estar delante de la congregación y predicar. Ellos quieren estar delante del pastor —hasta que comienza la guerra; ¡entonces de repente saltan detrás de él! Dios no nos ha llamado a ti y a mí a ir delante del pastor por una sola razón, y es para levantar nuestro escudo de fe y protegerlo de las palabras hirientes de la gente y de los dardos encendidos del diablo.

Nunca progresarás hacia el liderazgo hasta que no hayas dominado el arte de apoyar a tu líder espiritual.

9. Debe ser un gran comunicador

La comunicación es lo más importante que conozco para establecer una relación con un líder. Es la única forma de crear confianza entre el pastor y sus asociados. Esto no significa que vas a molestarlo por cualquier asunto que acontezca o decisión que tomes; sino que debes mantenerlo al tanto de lo que sucede en la iglesia.

Durante mis muchos años de servicio como ministro asociado, he aprendido una lección muy valiosa, y es: *Nunca le escondas nada a tu pastor*. Siempre déjale saber si alguien tiene (o está causando) problemas en la iglesia, y qué pasos estás tomando para resolver la situación.

Muchas veces tengo que tratar con cosas que yo sé que son mi responsabilidad, pero siempre informo al pastor de lo que estoy haciendo. Yo sé que hay situaciones que deben ser tratadas directamente por el pastor. Cuando esto sucede, yo lo comparto con él; y él se encarga de la situación, o me aconseja cómo debo resolverla.

Lo esencial es la *comunicación*.

Si alguna vez alguien te dice: "Quiero decirte algo en privado, pero prométeme que no se lo dirás al pastor", debes cortar esa conversación inmediatamente y decirle a la persona: "Mejor es que te lo guardes, porque no voy a hacer tal promesa".

Es tu deber comunicar a tu pastor cualquier cosa que pueda ocasionar problemas en la iglesia. Jesús dijo que no hay nada escondido que no sea revelado. (Marcos 4:22.) Si tú retienes alguna información, entonces con toda seguridad te puedo profetizar que lo que retienes volverá a ti; explotará y te encontrarás en medio de la explosión.

El secreto es una trampa que Satanás le tiende a los ingenuos. No caigas en ella.

10. Debe tener una disposición buena y ardiente para ganar victorias para su líder.

En 2 Samuel 22:36, David dijo del Señor: "Y tu benignidad me ha engrandecido." David fue un gran guerrero, pero él declaró que no fue su audacia, seguridad o fuerza lo que lo engrandeció; más bien, fue la benignidad de Dios. Este es el carácter que ganará victorias para un líder y al que le sirve como escudero.

Armado con esta actitud, representarás bien a tu líder y tendrás su apoyo. Siempre recuerda que como asociado o asistente, dondequiera que vayas y cualquier cosa que hagas, estás representando a tu pastor. Tú no quieres hacer algo que avergüence al pastor o a la iglesia que ambos sirven.

He presenciado momentos en que el pastor le pide a su asociado que haga ciertos cambios en su departamento o en el área de su responsabilidad. Entonces el asociado llama a los que trabajan con él y les dice: "El pastor dijo que más vale que arreglen ciertas cosas o que se vayan". Eso hace ver al pastor como un rey malo e impío sentado en su trono vociferando sus órdenes.

Estas cosas siempre suceden en las iglesias, y el resultado es el mismo: contiendas. La única razón por la cual un asociado dice tales cosas es para hacerles ver a su gente que él se preocupa más por ellos que el pastor. El que hace esto lo hace por defender su reputación a expensas de la del pastor. Un verdadero escudero se esfuerza por representar bien a su pastor ante todo hombre.

Todos los días enfrentaremos situaciones delicadas cuando trabajamos con el público. Aunque tú no seas el pastor de las ovejas, como asociado debes tomar en tu espíritu el corazón de un pastor. Debes aprender a tratar a las personas con amor y estar de acuerdo con los que trabajas y tratas. Nadie es inalcanzable mientras se puede enseñar.

En mis quince años como asociado, me he reunido con varias personas para aclarar cualquier declaración que el pastor hubiera hecho. Hay personas que se ofenden con facilidad, y muchas veces van a hablar con el asociado antes de ir directamente al pastor. En tales situaciones cuando la persona viene a mí, yo trato de hacerle entender lo que el pastor quiso decir porque yo conozco su corazón. En ese momento, también les aconsejo que hagan una cita con el pastor para que traten el asunto personalmente.

Te animo a que cada día confíes en Dios por un espíritu de *humildad, mansedumbre, perdón, pureza y una conciencia clara*. Estas virtudes mantendrán un guardia a tu alrededor, y entonces serás de mucho valor para el ministerio.

11. Debe tener la habilidad de ministrar fuerza y valor a su líder.

Para ministrar fuerza y valor, un escudero debe poseer una fuente inagotable de esas mismas virtudes. La palabra "valor" significa "valentía", la habilidad de enfrentar dificultades y peligros con firmeza y audacia.

Cuando un pastor dice: "Así dice el Señor, construyan una iglesia sin entrar en deudas". ¿Cuál es tu reacción?

Algunos dirán: "El pastor está fallando esta vez".

¿Cómo respondes tú?

¿Recuerdas cuando se les dijo a los hijos de Israel que entraran a la Tierra Prometida y tomaran posesión de ella? (Números 13.) Ellos enviaron a doce espías, los cuales regresaron y reportaron lo que habían visto allí. Sólo dos de los espías tuvieron la valentía de decir: "Subamos luego, y tomemos posesión de ella; porque más podremos nosotros que ellos" (v.30). Todos los demás dijeron: "No podremos subir contra ellos". Cada vez que Dios hable a tu Moisés, entonces sé un Josué o un Caleb, los dos espías fuertes y valientes. Levántate con fe y valentía, y marcha hacia adelante y toma la tierra, sin importar cuán grande sea la tarea.

En Números 14:4 leemos sobre los desleales y temerosos hijos de Israel: "Y decían el uno al otro: Designemos un capitán, y volvámonos a Egipto". Muchas veces el primero en ser elegido como capitán es el ministro asociado. Cuando una parte de la congregación comienza a buscarte para que seas su nuevo líder, ten cuidado. Cuando están listos para hacerte capitán en lugar del pastor, porque tú los guiarás por el camino que ellos quieren ir, ¡cuidado! Eso es un engaño y una tentación de Satanás. Ese no es el camino a la vida y al éxito, ese es el camino al pecado y la rebeldía. Dios nunca se mueve en tales cosas.

La valentía viene a través de la fe en Dios. Para ministrar la misma seguridad que tiene tu pastor, debes mantenerte en la Palabra de Dios. Esta edificación viene sólo cuando ponemos la Palabra primero.

Otro engaño y tentación de Satanás del cual debemos guardarnos y vencer, es la idea errónea de que el pastor está más interesado en cumplir su visión personal que en llenar las necesidades de sus asociados y empleados. La mentira es que el pastor irá hasta cualquier extremo para cumplir su meta, pero no se esforzará para ayudar a realizar las metas de los que trabajan con él.

Recuerda una cosa: la visión de la iglesia a la cual has sido llamado a servir es la visión de Dios, y si Él no hubiese creído que tú puedes ser parte de ella, Él nunca te hubiera puesto en el ministerio. No siempre recibirás una palmada en la espalda por un trabajo bien hecho.

Como cristianos, nuestra recompensa nos espera en los cielos.

Preferirías que tu pastor te diera una palmada en la espalda y te diga: "Buen trabajo", o que Jesús te dé una palmada en la espalda y te diga: "Bien buen siervo y fiel".

Dios lleva muy bien las cuentas y algún día los libros serán abiertos y las recompensas serán repartidas. Yo confío que tus recompensas serán grandes y serán determinadas por tu actitud aquí en la tierra.

Las funciones de un escudero

Ahora veamos algunas de las funciones de un escudero para así tener un mejor entendimiento de la lealtad y actitud que debe ser desarrollada para cumplir con este llamado divino.

El verdadero escudero:

_____ Alerta y anima a su líder, ayudándolo a enfrentarse a sus enemigos.

_____ Con destreza, lleva y maneja las armas de su líder.

_____ Se mueve con rapidez al lado de su líder en la densidad de la batalla como un escolta fuerte que nunca se queda atrás.

_____ Protege y vigila a su líder constantemente.

_____ Rechaza cualquier tipo de ataque contra su líder.

_____Rescata a su líder de todas las dificultades y apuros.

_____ Se mueve para resistir cada avance que hace el enemigo en contra de su líder para hacerle daño.

_____ Se opone y desvía a los enemigos de su líder con rapidez y de forma enérgica.

_____ Se mantiene dispuesto al lado de su líder para atender cualquier necesidad que se ofrezca.

_____ No debe perder de vista en ningún momento a su líder y al enemigo, previendo las acciones de ambos.

_____ Se rinde por completo a su líder y confía implícitamente en él, obedeciendo cada orden sin vacilar.

_____ Lleva a cabo todo plan de su líder con éxito

_____ Cumple con las órdenes de su líder perfectamente.

_____Asiste a su líder en todas las actividades que emprenda.

_____ Organiza y arregla las actividades de su líder.

_____ Prepara y cuida de las pertenencias de su líder.

_____ Pone especial cuidado en seleccionar y preparar los materiales de su líder.

_____ Se anticipa a las necesidades y pedidos de su líder para abastecer y suplir apropiadamente lo necesario.

_____ Vigila el camino por delante para señalar a su líder cualquier peligro o trampa.

_____ Reconoce y le hace saber a su líder sobre cualquier asunto dudoso o cualquier información importante.

_____ Se esfuerza por hacer que el ambiente de su líder sea más placentero y llevadero.

_____ Es detallista; sensible a los detalles.

_____ Ayuda a acelerar el progreso y promoción de su líder.

_____ Pone gran énfasis en realzar la posición de su líder guardándose de celos, envidia o egoísmo personal.

_____ Exalta y respeta a su líder en todo tiempo.

_____ Está pendiente de las debidas recompensas de su líder, reclamando cualquiera que su líder haya pasado por alto.

_____ Trabaja incansable y diligentemente a nombre de su líder, buscando la forma de mejorar su situación y bienestar.

_____ Cumple con su líder siempre, llevándose bien con él, y haciéndole sentir cómodo al dar órdenes.

_____ Sacrifica su propia vida y bienestar por el mejoramiento de su líder.

_____ Trabaja por el bienestar de su líder en todo tiempo.

_____ Demuestra intolerancia total hacia cualquier acusación falsa contra su líder.

_____ Comparte los sueños, metas y visiones de su líder.

_____ Desea que su líder progrese.

_____ Perdona a su líder por cualquier ofensa inmediatamente y sin guardar resentimiento o ira.

_____ Rehúsa guardar resentimiento contra su líder por cualquier razón.

_____ Demuestra una lealtad extrema a su líder, hasta la muerte.

_____ Completa y complementa a su líder.

_____ Va a la par de su líder.

_____ Considera a su líder más importante que a sí mismo.

Hasta ahora es obvio que un escudero bíblico era más que un simple empleado. Un escudero era la persona que indudablemente pasó muchos años, si no es toda su vida, al servicio del oficial. Sólo de esta manera, éste podría llegar a conocer y entender a su oficial.

Sirviente, guardaespaldas, amigo, compañero, mayordomo, cocinero y confidente, son sólo algunas de las funciones que desempeñaba un escudero en la vida de su oficial. Su lista de deberes era interminable. La posición de un escudero es una que requiere gran honor, amor, tolerancia y vigilancia. Una obediencia incondicional era absolutamente necesaria, aunque después de unos cuantos años de servicio el fiel escudero probablemente no necesitaba que le dijeran lo que su oficial pensaba, deseaba o exigía. Él lo conocía como a sí mismo.

Dedicación y devoción hasta la muerte era ya una costumbre en la vida del escudero bíblico.

Aunque no hay material de referencia disponible que indique el procedimiento exacto que se usaba para seleccionar y entrenar a un escudero en los tiempos bíblicos, parece claro que cualquier método que fuera usado, obviamente requería una lealtad sincera. También es evidente que el escudero era elegido y entrenado por el oficial al cual serviría.

En el capítulo 5 consideraremos algunos requisitos para una posición tan importante como es la del escudero espiritual.

Escuderos del
Antiguo Testamento

Un buen ejemplo de la lealtad de un escudero se encuentra en la historia de la muerte de Abimelec (Jueces 9:45-55).

Este suceso tomó lugar durante una guerra en la cual Abimelec estaba sitiando una ciudad. Él tuvo éxito en su intento de tomar la ciudad y tenía al enemigo huyendo. Cuando él llegó a la torre donde las personas se refugiaban, él se preparó para quemarla. En el momento en que la leña era puesta al pie de la torre, desde arriba una mujer tiró un pedazo de una rueda de molino la cual golpeó a Abimelec en la cabeza, rompiéndole el cráneo. Él se volvió hacia su escudero y le ordenó al joven:

> *Saca tu espada, y mátame, para que no se diga
> de mí: Una mujer lo mató (v.54).*

Aunque Abimelec fue malo, la lealtad de su escudero era obvia. Él era la persona más cercana al rey cuando la piedra le dio en la cabeza. Él estaba tan preocupado por el honor de Abimelec como él mismo. Él no quería que se dijera que su oficial fue muerto por una mujer. Su obediencia instantánea también ha sido grabada:

> *Y su escudero le atravesó, y murió (v.54).*

El escudero de Saúl

En I Samuel 31:4-6 y I Crónicas 10:4,5 encontramos otro relato de un oficial que estaba en la guerra, con su escudero a su lado. Saúl y su ejército estaban peleando contra los filisteos y estaban perdiendo. Al darse cuenta de que la derrota era inminente, el ejército de Saúl dio la vuelta y huyó. Sus hombres, incluyendo sus hijos, fueron muertos y Saúl fue herido por flechas. Él miró a su escudero y le ordenó:

> *Saca tu espada, y traspásame con ella, para que
> no vengan estos incircuncisos y me traspasen,
> y me escarnezcan.*
>
> 1 Samuel 31:4

Saúl prefería morir a manos de su escudero antes que ser capturado y torturado por el enemigo. Sin embargo, el escudero no le obedeció, así que Saúl tomó su vida al echarse sobre su espada. Y viendo su escudero a Saúl muerto, él también se echó sobre su espada, y murió con él (v.5).

Muchas cosas son reveladas en esta escritura.

En cierto momento durante la batalla, las fuerzas armadas de Saúl huyeron. Su ejército comenzó a huir, y mataron a sus hombres. Más adelante durante la huida, sus tres hijos fueron muertos. El enemigo se acercó lo suficiente como para herir a Saúl.

En ese momento él se volvió hacia su escudero y dio la orden de morir en sus manos.

Fíjate que aunque todos habían huido, dejando que Saúl enfrentara solo a todo el ejército enemigo, su fiel escudero estaba a su lado. Siendo rey, Saúl cabalgaba en el caballo más rápido o viajaba en el carruaje más veloz, que era conducido por su escudero. Si él cabalgaba, entonces el caballo de Saúl era seleccionado por su escudero porque era su deber seleccionar y cuidar la montura, el equipo y material de su oficial. No es preciso mencionar, que el caballo del escudero debía tener la misma fuerza, velocidad y vigor que el de su amo.

Se podía confiar en que el escudero escogiera la cabalgadura de su oficial porque él sabía como su comandante pensaba y lo que a él le gustaba y necesitaba.

En medio de la pelea y la huida, el escudero de Saúl pudo esquivar las flechas y mantenerse al lado de su líder. Cuando Saúl le ordenó a su fiel sirviente que lo traspasara con su espada.

Mas su escudero no quería, porque tenía gran temor. (v.4)

Parece extraño que un escudero tenga "gran temor". Él había sido seleccionado, entrenado y preparado para servir en batalla. Al ser el escudero del rey, probablemente era un guerrero más hábil que cualquier otro soldado en el ejército del rey. Su deber era proteger al comandante en jefe. No parece lógico que este hombre que había sido entrenado y preparado para dar su vida para salvar y defender al rey tuviera temor.

En el lenguaje hebreo, la palabra miedo se traduce "yare". Pero no significa miedo en el sentido de estar atemorizado o aterrorizado, sino miedo causado por reverencia. En este caso, significa "¡honrar y respetar!"

Ahora la reacción del escudero es mucho más comprensible.

Este hombre había pasado todo su tiempo al servicio de Saúl, cuidándolo y protegiéndolo. Toda su razón de vivir era preservar la vida del rey. Si hubiera la menor oportunidad de salvar a Saúl de la destrucción, entonces él debía arriesgarse, aunque hubiera pocas posibilidades de éxito.

Quizás fue demasiado pedir al hombre que había protegido a Saúl por todo ese tiempo que le quitara la vida a quien él había jurado defender. Él no podía destruir al que él había pasado su vida preservando y protegiendo.

Dos escuderos diferentes

Fíjate en la reacción del escudero de Saúl en contraste con la reacción del sirviente de Abimelec, quien mató a su oficial cuando éste se lo pidió. Aquí vemos dos reacciones diferentes de dos hombres que habían dedicado y sacrificado sus vidas por el bienestar de sus superiores. Quizás la razón para tan diferentes reacciones se deba a que las circunstancias fueron diferentes.

Aunque Saúl había sido gravemente herido por las flechas, quizás su escudero no consideró que sus heridas fueran mortales.

Probablemente el joven había sido entrenado para curar heridas. Quizás él hubiera preferido tratar de escapar de los filisteos y esconderse en algún lugar, para curar a Saúl.

Abimelec había sido golpeado en la cabeza por un gran pedazo de una rueda de molino, y su cráneo había sido aplastado. Es muy probable que esa herida no fuera muy bonita que digamos. Quizás el contenido de su cráneo se estaba saliendo por la herida. La muerte era inevitable.

Saúl dijo: "Saca tu espada y traspásame, no sea que esos incircuncisos vengan y me traspasen y abusen de mí."

Abimelec dijo: "Saca tu espada y mátame, para que la gente no diga que fui muerto por una mujer".

La diferencia es que Abimelec se estaba muriendo; y Saúl no. Saúl simplemente temía que los filisteos vinieran y lo torturaran.

Quizás el escudero de Saúl hubiera preferido escapar con su comandante, o tal vez pelear hasta la muerte. Pero una cosa es segura: por respeto, él no podía ser el hombre que pusiera fin a la vida de Saúl. Fue un sentido de temor reverencial, respeto y honor, no "miedo" lo que causó que el escudero fracasara en obedecer al rey.

Cuando Saúl se dio cuenta de que su escudero no iba a cumplir con su pedido, él se tiró sobre su espada. Como era el estilo de un verdadero escudero, como un hombre que había pasado toda su vida siguiendo a Saúl, el escudero sabía que no había tiempo que perder. Cuando su amo cayó en su propia espada y acabó con su vida, el escudero no tenía más razón de vivir. Por respeto a su oficial, él también se tiró sobre su espada. El suicidio no fue idea suya. En efecto, si Saúl le hubiese preguntado, tal vez el escudero tenía alguna estrategia mejor o algún plan para escapar de las manos de los filisteos. Pero como Saúl escogió poner fin a su vida, su fiel servidor hizo lo mismo.

El escudero de Jonatán

En I Samuel 14:1-23 hay otro relato sobre la relación entre un joven y su escudero. Jonatán le ordenó a su escudero que le acompañara a la guarnición de los filisteos contra quienes él y el pueblo de Israel peleaban. Él quería ir solo. Jonatán no había informado a su padre, Saúl, de sus intenciones. Aunque el rey no tenía conocimiento del plan, y aunque él y su amo eran los únicos contra todo un ejército, el escudero de Jonatán obedeció.

En el verso 6, Jonatán dice:

> *Ven, pasemos a la guarnición de estos incircuncisos; quizá haga algo Jehová por nosotros, pues no es difícil para Jehová salvar con muchos o con pocos.*

En el verso 7, el joven y temerario escudero contestó:

Haz todo lo que tienes en tu corazón; ve, pues aquí estoy contigo a tu voluntad.

Mientras los dos jóvenes subían al campamento del enemigo, Dios les confirmó que Él, en efecto, les había entregado al enemigo en sus manos. Jonatán miró a su acompañante y le dijo:

Sube tras de mí (v.12).

Cuando ellos llegaron al lugar donde estaba el enemigo, "...y los que caían delante de Jonatán, su paje de armas que iba tras él los mataba" (v.13). Entonces la Palabra explica cómo ese día Dios salvó toda la nación de Israel, a través de la acción de Jonatán y su fiel y obediente escudero.

Es curioso notar lo que Jonatán dijo: *"Quizá* haga algo Jehová por nosotros". Aunque Jonatán no estaba seguro de lo que iba a pasar, su escudero estaba más dispuesto a seguirlo. El verso 7 revela su respuesta, y la actitud apropiada de un escudero:

Haz todo lo que tienes en tu corazón; ve, pues aquí estoy contigo a tu voluntad.

Mientras se aproximaban al enemigo, el escudero de Jonatán se mantuvo en su lugar. Él debía ir *detrás* de Jonatán.

En el verso 13 vemos que fue la unción que estaba sobre Jonatán, la unción de un líder, que causó la caída del enemigo. El joven escudero fue diligente en seguir *detrás* de su oficial, destruyendo al enemigo que era derribado a tierra por la unción de Dios sobre su líder:

> *Y su paje de armas que iba tras él los mataba* (*v.13*).

Este es un ejemplo clásico de la humildad y diligencia de un escudero bíblico. Él es quien gana victorias y mata al enemigo mientras el líder obtiene la gloria ...alguien que confía en su oficial, hasta en lo que parezca ser un capricho ...alguien que se mantiene en su lugar *detrás* del hombre a quien sirve, sin esforzarse en ponerse delante.

David como escudero

En I Samuel 16:14-23 encontramos la historia del último de los cinco escuderos.

El rey Saúl estaba perturbado. Él tenía un espíritu que lo angustiaba. Él decidió buscar un músico hábil que pudiera calmar su estado mental cuando era oprimido. Un joven le fue recomendado por uno de sus sirvientes:

> *He aquí yo he visto a un hijo de Isaí de Belén, que sabe tocar, y es valiente y vigoroso y hombre de guerra, prudente en sus palabras, y hermoso, y Jehová está con él.*

> I Samuel 16:18

El joven fue enviado a Saúl, llevando regalos. La Palabra nos dice que Saúl "le amó mucho" y le hizo su escudero (v. 21). Él le ministraba fuerza a Saúl, causando que éste sintiera "alivio" y "bienestar" (v.23).

En el verso 18 vemos que el joven escudero fue descrito como:

1. Músico hábil
2. Un hombre valiente
3. Un hombre de guerra
4. Prudente en sus palabras
5. Hermoso en apariencia
6. Uno con quien el Señor estaba

Todas estas cualidades son la descripción bíblica de un verdadero escudero.

Quizás el hecho de que David fuera el escudero de Saúl explique su actitud cuando más tarde él declaró que no tocaría "al ungido del Señor" (I Samuel 26:9). No importó las veces que Saúl trató de matar a David, y no importó las muchas oportunidades que tuvo David de matar a Saúl, sin embargo, David nunca le hizo daño.

¿Será posible que David caminara en el mismo temor que causó que el futuro escudero de Saúl se negara a matarle? Es muy probable. Este respeto y honor hacia el ungido de Dios explica la actitud de extremo arre-pentimiento, tristeza y humildad de David ante Saúl después que él, a escondidas, cortó el ruedo del manto de Saúl (I Samuel 24:1-6).

David fue un verdadero escudero, uno que no guardaba rencor sino que fiel y obedientemente soportaba el maltrato de su capitán. El resultado fue con el tiempo su promoción a un lugar de gran respeto y honor.

4

La escudería del Nuevo Testamento

Hasta ahora hemos estudiado el Antiguo Testamento concerniente al tema de la escudería, y claramente hemos definido el deber, papel, y servicio del escudero en el Antiguo Testamento. Ahora veamos el papel del escudero a la luz del Nuevo Testamento.

El ministerio de la escudería

En la vida de cada cristiano, Dios ha establecido cierto orden de prioridades. Tanto el escudero como la persona a quien éste sirve deben seguir estas prioridades, si han de vivir una vida cristiana fiel. Por orden de importancia, las prioridades son:

1. Relación con Dios
2. Relación con su cónyuge
3. Relación con los hijos
4. Empleo o trabajo

La mayor diferencia entre la escudería en el Antiguo y el Nuevo Testamento es que en los días del Antiguo Testamento el deber de un escudero era la primera prioridad. En el Nuevo Testamento, es la cuarta prioridad. Esto no significa que el escudero de hoy sea menos responsable; pues su posición es asignada por Dios, y él debe cumplir con su deber. Aunque, físicamente, el trabajo ha cambiado, la actitud del corazón debe ser la misma.

La posición de un escudero no es de corta duración; más bien, Dios le llama a una posición devota y leal.

Al comparar esta posición con la de un asociado o cualquier otra posición en el ministerio, el individuo debe comprender que Dios no le ha llamado para que use la posición como peldaño para avanzar en el ministerio. Esto ha pasado muchas veces en el cuerpo de Cristo, y es como una ofensa a Dios.

Si la persona piensa que la única razón por la cual Dios lo tiene donde está es porque va a recibir promoción a "algo más grande y mejor", entonces es triste decirlo, pero ese individuo está usando el sistema del mundo. Este individuo dice: "Cualquiera que me ofrezca más dinero o autoridad recibirá mis servicios".

¿En algún momento le has preguntado a Dios si la posición en la cual te encuentras es la que Él ha escogido para ti?, si donde estás ahora es donde Él quiere que estés? No importa cuál sea el salario o las condiciones de trabajo, lo que verdaderamente importa es: ¿Dios te ha llamado a ese trabajo y lugar?

Mientras servía a mi pastor, tuve dos oportunidades de pastorear otras iglesias. Ambas eran buenas iglesias, y en aquel tiempo que se me hizo la oferta, el pago era mejor que el que recibía donde estoy. Hubiera sido pastor, en vez de asociado. Si yo hubiese operado en el sistema mundano, habría aprovechado "la oportunidad de avance". Pero el reino de Dios no opera de esa manera.

Yo sé que estoy ocupando la posición *escogida* por Dios para mí. Yo oro de la siguiente manera cuando personas nuevas se unen como empleados en nuestra iglesia: "Señor, envíame las personas que han sido escogidas por ti".

A menos que las personas sean *llamadas* y *enviadas* por el Señor, no la aceptes. Yo comprendo que hay momentos en que Dios separa a una persona de la posición que ocupa. Ese momento llegará a tu vida algún día. Pero cuando llegue, tú y tu pastor sabrán que es un tiempo de cambio, y que la separación será la mejor para todos, en especial para el reino de Dios.

En la pared de mi oficina tengo una placa que dice así: "Florece donde eres sembrado". Yo creo y practico ese principio, que está basado en la Palabra de Dios. Mi vida es un testimonio de que la Palabra de Dios funciona.

Como escudero debemos ser fieles en el lugar donde Dios nos ha "sembrado". Deja que Dios te exalte y te dé promoción donde estás. Si eres diligente, fiel, humilde y motivado por un corazón de servidor, encontrarás los principios de la Palabra de Dios trabajando en ti.

La Biblia nos dice:

> *Humillaos, pues, bajo la poderosa mano de Dios, para que Él os exalte cuando fuere tiempo.*

> I Pedro 5:6

Yo sé con toda certeza que si Dios alguna vez dice que es tiempo que yo deje mi posición y que ocupe otra, Dios lo pondrá tanto en mi corazón como en el del pastor.

El escudero fiel

A modo de ilustración, quisiera compartir contigo una historia interesante de un escudero fiel. Hace ya algún tiempo mi pastor, Happy Caldwell de la Iglesia Ágape en Little Rock, Arkansas, se reunió con el equipo de las Cruzadas de Billy Graham, quienes estaban planeando una serie de servicios en nuestra ciudad. El coordinador de la cruzada comenzó haciendo el comentario de que él era el que menos tiempo llevaba con Billy Graham entre todos sus otros ministros.

"Sólo tengo *23 años* con Billy", dijo él.

Cuando yo escuché eso, quedé asombrado. En los círculos carismáticos predicamos fidelidad y permanencia, pero el equipo de las Cruzadas de Billy Graham lo vive. Algunos empleados y ministros están listos para darse por vencidos e ir a recibir su recompensa, si Dios no le da algo nuevo y mejor cada año. Tenemos que comenzar a ver nuestra posición como una que ha sido establecida por Dios. Debemos estar dispuestos a permanecer en ella por el resto de nuestra vida, si eso es lo que Dios quiere.

Recientemente, me postré delante de Dios y oré diciendo: "Señor, si es tu deseo que yo me quede como el escudero de mi pastor y que sirva a este ministerio en esta capacidad por el resto de mi vida, entonces que se haga tu voluntad".

Amigo, no es divertido estar fuera de la voluntad de Dios. Nosotros, en la Iglesia, no tenemos tiempo para operar fuera de la voluntad y el plan de nuestro Padre Celestial.

Si eres un asociado o un empleado en el ministerio, quiero animarte a que te mantengas fiel, no importa la presión que estés enfrentando. Francamente debo admitir que hubo momentos en que quise dejarlo todo y decirle a Dios: "Esto es muy difícil; esto no es justo".

Un día Jesús me habló y me dijo que simplemente me estaba pidiendo que hiciera lo mismo que Él había hecho en la tierra. Jesús realizó el deseo de su Padre, y no el suyo. Él no nos está pidiendo que hagamos algo que Él mismo no ha hecho.

En este momento de mi vida, estoy haciendo más de lo que jamás he hecho para Dios. A la edad de 33 años, he viajado a otros países y he hecho cosas que siempre he soñado. Yo creo que todo esto ha ocurrido porque he permanecido donde Dios me ha llamado.

En mi oficina yo quedo de espaldas a una vista de una montaña muy bonita, y un día un hombre entró a mi oficina e hizo el siguiente comentario:

"Bueno", dijo él, mientras entraba, "¿cómo se siente ser un gran hombre con un gran escritorio, sillas de cuero y una vista como la que tienes?

Gracias al Señor que yo estaba de buen humor cuando él dijo esto. La gente no tiene idea de lo que ha costado llegar a ese lugar. Cualquier ministro podrá entender cómo yo me sentía.

Si tú no eres un ministro, te diré cómo se siente. Me siento exactamente igual que en 1979 cuando yo tenía una oficina con alfombra verde olivo, un escritorio sobrante del ejército, y una ventana pequeña con vista al respaldo de una farmacia. ¿Y yo me quejé? ¡Cielos, no! El Pastor Caldwell tenía una puerta sobre dos gabinetes de archivar como escritorio. Yo saltaba de alegría sólo con el hecho de poder decirle a la gente: "Pase a mi oficina". Era fea, pero era *mi* oficina, la primera que yo había tenido. Yo la había dado "a luz" en el espíritu mientras oraba, y estaba contento y orgulloso de ella.

El Espíritu de Dios te puede estar ministrando ahora porque tú estás a punto de darte por vencido en tu ministerio. ¡Por favor no lo hagas! Lee la Palabra y comienza a regocijarte con lo que fuiste bendecido. Por tu futuro en las manos de Dios. Recuerda, David le fue fiel a Saúl, y mira como Dios lo exaltó.

Un día entré a mi oficina sintiéndome como si todo en el mundo estuviera contra mí. Estaba desanimado. Me sentía abandonado. Parecía como que lo único que me faltaba era que Dios cayera sobre mí. En ese momento, miré mi Biblia que estaba sobre el escritorio y grité a Dios, diciendo: "¡Necesito ayuda!" Cogí la Biblia y se abrió en Efesios 5. Yo sé que Dios me dirigió a ese capítulo. Comencé a leer, y entonces llegué hasta Efesios 5:17-19:

> *Por tanto, no seáis insensatos, sino entendidos de cuál sea la voluntad del Señor. No os embriaguéis con vino, en lo cual hay disolución; antes bien sed llenos del Espíritu, hablando entre vosotros con salmos, con himnos y cánticos espirituales, cantando y alabando al Señor en vuestros corazones.*

Mientras leía esta porción, el Señor iluminó la palabra *hablando*. (Hay una versión en inglés que dice: Haciendo melodías en vuestros corazones al Señor.) "Hijo", dijo Él, "un piano toca una música hermosa sólo cuando alguien se sienta delante de él y lo toca".

"El gozo, la paz, y la seguridad que necesitas están en ti", Él continuó diciendo, "pero tú tienes que hacer que la melodía salga de ti. Levántate y danza delante de mí".

Yo no quería hacerlo, ni me sentía con deseos de danzar, pero lo hice por fe. Cerré la puerta de mi oficina y comencé a saltar y brincar con gozo, alabando a Dios. Mientras lo hacía, la unción cayó sobre mí y rompió la opresión.

Si te encuentras bajo un espíritu de opresión, entonces antes de continuar leyendo este capítulo, levántate y comienza a regocijarte. Eres libre en el nombre de Jesús. Esta es la voluntad de Dios para ti ahora mismo.

Ahora, ¿qué sucede con nuestra relación personal con nuestro oficial? En II de Corintios 5:16 el apóstol Pablo dice:

De manera que nosotros de aquí en adelante a nadie conocemos según la carne.

Tú fuiste llamado al ministerio para servir a un general en el ejército de Dios, como un escudero. El Antiguo Testamento sugiere una relación muy íntima entre el oficial y su escudero. Este podría ser el caso en el Nuevo Testamento, pero una relación tan íntima no es necesaria para cumplir nuestra responsabilidad de escudero con éxito. Dios no te llamó para que seas el compañero de pesca de tu líder. Yo no fui llamado a ser el mejor amigo de mi pastor. Somos amigos, pero esa no es nuestra relación principal.

Nunca debemos pretender tener el derecho de saber o ser parte de la familia o vida privada de nuestro oficial:

No te alabes delante del rey, ni estés en el lugar de los grandes; porque mejor es que se te diga: Sube acá, y no que seas humillado delante del príncipe a quien han mirado tus ojos.

Proverbios 25:6,7

Admitiré que cierta relación personal es inevitable, pero el papel principal del escudero no es de amigo personal. La razón principal de un escudero es destrozar la fortaleza de Satanás sobre su pastor, iglesia y ciudad. No te sientas ofendido si tu pastor no te invita a cenar todos los viernes. Tu meta no es acercarte al pastor, sino acercarte a Jesús y hacer guerra en el Espíritu.

El servicio de un escudero

En el Antiguo Testamento, la función principal de un escudero estaba relacionada directamente con el combate. Este requisito no ha cambiado entre el Antiguo y el Nuevo Testamento. Lo que ha cambiado es el tipo de combate que hace el escudero del Nuevo Testamento al servir a su líder.

> *Porque no tenemos lucha contra sangre y carne, sino contra principados, contra potestades, contra los gobernadores de las tinieblas de este siglo, contra huestes espirituales de maldad en las regiones celestes.*

Efesios 6:12

En esta escritura vemos claramente que no estamos luchando contra los filisteos —contra carne y sangre— sino contra poderes domoníacos.

Dios llama a hombres y mujeres a realizar tareas maravillosas para Él. Predicar la Palabra de Dios a todas las naciones no es cosa pequeña. Es imposible que una persona lo realice sola. Ahí es donde entra el cuerpo de Cristo. Dios pondrá su visión dentro de una persona, y su unción para que la cumpla. Entonces Él pondrá personas alrededor de ese individuo para que lo apoyen y trabajen con él en el cumplimiento de esa visión. El Señor comenzará enviando ministros llamados por Él para que asistan al hombre de Dios y para que tomen de su espíritu sobre ellos. Estas personas actúan como escuderos; su función es quitar un poco del peso al oficial, y ayudarlo a impartir su visión a los demás.

He oído a predicadores referirse a sus asociados como "plato de segunda mesa". Tengo varias preguntas que hacerle a los que piensan de esta manera: ¿Fue Josué plato de segunda mesa para Moisés? ¿Fue Eliseo "plato de segunda mesa" para Elías? ¿Será la nariz menos importante que los ojos, y el pie menos que la mano?

Si habías considerado el ministerio de asociado de esta forma, espero que tu forma de pensar haya cambiado.

No hay platos de segunda mesa en el cuerpo de Cristo.

> *Y aquellos del cuerpo que nos parecen menos dignos, a estos vestimos más dignamente; y los que en nosotros son menos decorosos, se tratan con más decoro.*

I Corintios 12:23

Si alguien cree que por ocupar la posición de pastor, profeta, evangelista o maestro es mejor que el resto del cuerpo de Cristo, entonces que se prepare para ser humillado, porque eso es orgullo, y la destrucción lo espera a la vuelta de la esquina. Confío en que tú nunca caigas en esa forma engañosa de pensar.

Los escuderos llamados por Dios están para apoyar al líder y ayudarlo a realizar la visión que Dios le ha dado.

Un día le dije a mi pastor que yo lo respaldaba, que estaba detrás de él. Él se detuvo y dijo: "No, tú estás a mi lado".

Esto no sucedió de la noche a la mañana, ninguna relación se cimenta de la noche a la mañana. Tu posición en el ministerio es importante para Dios, y si eres fiel y paciente, a su debido tiempo serás exaltado.

Deuteronomio 32:30 dice:

> *¿Cómo podría perseguir uno a mil, y dos hacer huir a diez mil?*

Como puedes ver, contigo a su lado, tu oficial es diez veces más poderoso que solo.

Los deberes de un escudero

Podemos observar que la parte más importante entre los deberes de un escudero está en el reino espiritual. Ser escudero es tener un ministerio de oración, vigilancia, e intercesión. El escudero debe demostrar su sinceridad, lealtad, y valentía en el reino espiritual a través de la oración e intercesión. Todas las tareas del escudero del Antiguo Testamento se aplican en el espíritu en el tiempo en que vivimos. En lo que hemos aprendido del Antiguo Testamento, y basados en las escrituras que hemos visto en el Nuevo Testamento, podemos identificar los deberes de un escudero del Nuevo Testamento.

Un verdadero escudero:

_____ Se esfuerza por mantener sus prioridades piadosas en orden.

_____ Resiste el querer conocer a su líder según la carne.

_____ Mantiene una actitud de humildad, con temor y temblor, con sinceridad, haciendo lo que es agradable a Cristo: "No sirviendo al ojo, como los que quieren agradar a los hombres".

_____ Sirve bien a su líder, sin esperar recompensa del hombre, pero sabiendo que un día Jesús le recompensará por sus esfuerzos y su lealtad.

_____ Ayuda a su líder en combate espiritual.

_____ Ministra a su líder fortaleza en el espíritu.

_____ Ayuda a que su líder se mantenga firme contra las acechanzas del diablo.

_____ Sabe cómo tratar con fuerzas espirituales

Aunque la palabra escudero no es usada en el Nuevo Testamento, a través de las escrituras podemos ver que la actitud y el espíritu de un escudero se encuentran entre las páginas del Nuevo Pacto.

Aquí encontrarás algunas referencias para que descubras y estudies por ti mismo la actitud y el carácter apropiado de un escudero del Nuevo Testamento: Mateo 18:1-4; Juan 15:13; Efesios 6:5-6; Filipenses 2:3,9; I Tesalonicenses 5:12,13; I Pedro 2:20, 5:5.

5

El clamor de los líderes de Dios

"¡Oh Dios! ¡Mándame un Josué!"

Todos sabemos que Josué nunca fue llamado el escudero de Moisés en la Biblia, pero fue llamado el servidor de Moisés en Josué 1:1. La palabra ministro en forma verbal significa: atender, contribuir a; ministrar a, aguardar a, y servir. De esta definición vemos que el deber era servir a Moisés, contribuir a su éxito, y servirle en todo lo que fuera posible. Si Moisés hubiese tenido un escudero, hubiera sido Josué por la relación que tenían.

Hoy en día, los apóstoles, profetas, evangelistas, pastores, y maestros por todo el mundo están clamando por un Josué que los ayude. Pero mi pregunta a ellos es la siguiente: ¿Estás dispuesto a ser un Moisés para tu Josué? Hay responsabilidad de los dos lados.

¿Qué sucederá contigo? Moisés estaba dispuesto a poner su unción, y toda su vida en Josué. Él estaba dispuesto a abandonar su control y permitir que Josué llevara al pueblo a la Tierra Prometida, aunque Moisés había pastoreado al pueblo personalmente por cuarenta años en el desierto. Él sabía que el pueblo de Israel pertenecía a Dios, no a él. Él obedeció a Dios cuando dijo: "Ahora Josué será el que los lleve a la tierra que les he prometido".

No estoy diciendo que esta es la situación en tu ministerio, pero quiero que veas, que primeramente, *no es tu ministerio*, es de Dios.

Dios puso la visión en ti. Fue engendrada en tu espíritu. Cuando Dios comienza algo. Él lo termina. El trabajo que Dios ha comenzado continuará mucho tiempo después de ti —si estás dispuesto a confiar en otras personas, sin temor a darles la autoridad que ellos necesitan para ayudarte—. Se reconoce cuán bueno es un líder por la calidad de personas que lo siguen.

Cuando busques un Josué para tu ministerio, la siguiente lista te indica las cosas básicas que debes buscar, y hacer:

1. Ora para que Dios ponga en tu camino a las personas que han sido llamados por Él.

Esta es prioridad número uno.

Pide a Dios que mande personas de calidad para que te ayuden a llevar tu visión adelante. Las personas que Dios te mande pueden o no, ser miembros de tu familia.

Una vez escuché a un ministro que dijo: "No permitiré que nadie que no sea miembro de mi familia dirija mi ministerio". Esa es una declaración muy fuerte, y totalmente sin base en las Escrituras. La unión entre un líder y sus empleados es en el espíritu y no en la sangre.

Dios levantó a Josué y no a uno de los hijos de Moisés. Dios levantó a David y le hizo rey, y no a Jonatán, quien era el heredero legal del trono. Dios le dijo a Elías que ungiera a Eliseo como su sucesor, no a un miembro de su familia. Dios ungió a Samuel para que fuera sacerdote, no a los hijos de Elí. En efecto, Ofni y Finees, los hijos de Elí, estaban llenos de maldad y perversidad (I Samuel 2:22-25).

Ahora diré que Dios puede levantar a tu hijo o hija para que continúe tu visión, pero Él puede mandar a otro. La clave es que tú hagas la voluntad de Dios en tu ministerio sin importar a quién Él escoja para que te ayude y sea tu sucesor.

Cualquier clase de persona que necesites, pídesela a Dios. Él te mandará un asociado, un director de música, un director de ujieres, o cualquier cosa que necesites o desees. Sólo necesitas pedírselos a Él, y comenzar a darle gracias por contestar tu oración.

2. Esté dispuesto a impartir de sí mismo en las vidas de sus ayudantes.

Algunos líderes se preguntan por qué tienen problemas con sus empleados. Muchas veces la razón es porque nunca han invertido de sí mismos en sus asociados.

En el Antiguo Testamento, el Señor habló a Moisés acerca de los que habían sido elegidos para asistirlo a dirigir a los hijos de Israel:

> *Y yo descenderé y hablaré allí contigo, y tomaré del espíritu que está en ti, y pondré en ellos; y llevarán contigo la carga del pueblo, y no la llevarás tú solo.*

Números 11:17

En ese tiempo Dios tomó del espíritu que había puesto en Moisés y lo puso sobre setenta ancianos. Esto era para que los ancianos funcionaran como colaboradores y ministraran al pueblo con el mismo amor y unción que Moisés ministraba. Esto fue realizado cuando Moisés puso sus manos sobre sus asociados, impartiendo a ellos su espíritu.

¿Dónde estaríamos hoy si Jesús no hubiese impartido de sí mismo en sus discípulos? ¿Qué habría ocurrido si su actitud hubiera sido la siguiente: "Yo soy el líder aquí, y no tengo tiempo que perder con este grupo de discípulos débiles e infieles?"

Esta clase de actitud es evidente en algunos líderes, y es del diablo, no de Dios. El Señor no nos ha llamado a controlar las vidas ajenas, sino a ser un ejemplo para el rebaño.

3. Delega autoridad

Dios desea enviarte gente de calidad que sean del mismo sentir tuyo. Pero no temas dejarles expresar esa creatividad divina. Algunas veces hay líderes que viven con el temor de que están perdiendo control, porque sus súbditos han tomado la visión y están trabajando en ella.

No apagues el entusiasmo, unción, sabiduría y habilidad de tus ayudantes. Un líder listo sabe dirigir los talentos y habilidades de su pueblo. Debes proveer oportunidades para que tus ayudantes desarrollen, ministren y den rienda suelta a su creatividad. Esto se aplica especialmente a escuderos que han demostrado fidelidad en bendecir y ayudarte a ministrar al pueblo.

Si vas a darle responsabilidad a alguien en cualquier área del ministerio, entonces ten suficiente confianza para darle la autoridad que necesita para cumplir con ella.

Un oficial de Washington, D.C., habló sobre su problema con la autoridad. A él le gustaba sentir el poder que su autoridad le daba. Después de ser cristiano y ser llamado al pastorado, él dijo que todavía le era problemático delegar autoridad. Para romper ese espíritu en su vida, comenzó a "sembrar" autoridad en los demás, o sea, darles autoridad a otros.

Encontrarás que, con Dios, mientras más das, más recibes.

4. Busca el espíritu de escudero en las personas.

Está es una lista que determina si las personas en tu camino reúnen las cualidades necesarias para ser un escudero:

a. ¿Tienen una vida de oración disciplinada?

b. ¿Son fieles a la iglesia?

c. ¿Su familia, es intachable?

d. ¿Diezman?

e. ¿Te sientes cómodo en su presencia?

f. ¿Se sienten cómodos en tu presencia?

g. ¿Están interesados en personas de todo tipo y razas?

h. ¿Poseen una voluntad fuerte y estable?

i. ¿Evitan murmuraciones y quejas?

j. ¿Son optimistas?

k. ¿Se sujetan a la autoridad?

l. ¿Son buenos oyentes?

m. ¿Observan una buena disciplina mental y física?

n. ¿Son leales?

Mientras haces y contestas estas preguntas concernientes a otros, recuerda siempre hacerte la siguiente pregunta, la cual es muy importante: *¿De qué sirve un general sin un ejército que le siga?*

6

Cómo desarrollar el espíritu de un escudero

Empezando por los líderes, todo hijo de Dios, necesita desarrollar el carácter de un escudero. Yo creo, que ahora mismo en el cuerpo de Cristo, necesitamos enseñanza sobre cómo desarrollar el carácter de Cristo. Hemos aprendido mucho acerca de la fe, prosperidad e intercesión, pero creo que debemos poner más énfasis en el desarrollo del carácter. El poder de Dios es limitado por nuestra codicia de poder, dinero y sexo. Hoy en día, estas cosas están destruyendo ministerios por todo el mundo.

Quisiera compartir los siguientes pasos que creo te serán de beneficio en tu esfuerzo por desarrollar el espíritu de un verdadero escudero que ha sido llamado por Dios.

Pasos para desarrollar el espíritu de un escudero

Paso 1. *Líbrate del orgullo.* (Santiago 4:6)

El orgullo es evidente cuando:

a. Tienes un espíritu independiente (rehúsas la ayuda de Dios o de otras personas).

b. No admites errores.

c. No quieres aprender cosas nuevas.

d. Tienes una actitud rebelde hacia aquellos en autoridad.

e. Tienes semblante o aspecto orgulloso.

f. Tu conversación está centrada en ti mismo.

g. No toleras los errores de los demás.

h. Tienes una actitud autoritaria.

Paso 2: *Líbrate de la ira.* (Proverbios 16:32)

La ira es evidente cuando:

a. Te encolerizas con facilidad (rabietas, a cualquier edad).

b. Reaccionas en forma airada hacia una supuesta injusticia.

c. Expresas frustración hacia circunstancias que no se pueden cambiar.

d. Gruñes, murmuras y te quejas con frecuencia.

e. Expresas una sensibilidad extrema y eres quisquilloso.

***Paso 3**. Líbrate de la inmoralidad* (2 Corintios 7:1)

Un espíritu impuro es evidente cuando:

a. Tus conversaciones contienen tonos sensuales.

b. Lees materiales impuros/pornográficos.

c. Tienes una actitud impura y acciones inapropiadas hacia el sexo opuesto.

d. Deseas escuchar música que contiene lenguaje e insinuaciones sensuales.

e. Tienes una apariencia y vestimenta sensual.

f. Tienes curiosidad carnal.

***Paso 4:** Líbrate de la amargura.* (Hebreos 12:15)

Un espíritu de amargura es evidente cuando:

a. Tu conversación es sarcástica y crítica.

b. No confías en la gente.

c. Te enfermas con frecuencia.

d. Te compadeces de ti mismo.

e. Tienes un semblante triste.

Estas son áreas en las cuales debemos juzgarnos a nosotros mismos para romper el poder de Satanás en nuestras vidas, para ser agradables a Dios, y para ser una luz al mundo. Esto se realizará si vivimos una vida irreprochable, entregándonos unos a otros en forma total y libre.

Somos los escuderos de Dios. Debemos llevar el escudo de cada uno, uniendo nuestra fe. Si lo cumplimos, entonces nos convertiremos en *El Gran Ejército de Dios.* Nosotros iremos hacia adelante a vencer en el poder del Espíritu Santo.

Campos blancos para la ciega

Nos necesitamos unos a otros para cumplir con el llamado de Dios en nuestras vidas. Al escribir este libro, me estoy enterando de lo que el Señor está haciendo en Europa Oriental, y me doy cuenta de que es el tiempo para que nosotros en la Iglesia de Cristo Jesús lleguemos a la "unidad de la fe". (Efesios 4:13.)

Fue de bendición para mí haber viajado a Austria al comienzo del éxodo de los alemanes orientales hacia Alemania Occidental cuando el gobierno comunista aminoró las restricciones de viaje al mundo libre. Fue bello presenciar cómo Dios abrió la Cortina de Hierro después de tanto años. Nunca había visto personas tan hambrientas de libertad. Y miles de ellos tenían hambre de Dios.

Por primera vez en más de cuarenta años, existe cierta medida de libertad de religión en muchas áreas de Europa Oriental. La Iglesia debe aprovechar esta oportunidad y entrar por las puertas que milagrosamente han sido abiertas para propagar el Evangelio.

Hace algunos años mi esposa y yo estuvimos en Hungría. Al prepararnos para ministrar en una iglesia local, tuvimos que caminar fuera del hotel hasta cerciorarnos de que no éramos perseguidos. Entonces nos apresuramos por otra calle hasta cierto lugar donde el pastor había quedado en esperarnos. Desde allí nos llevaron, secretamente, a una finca donde predicamos en una iglesia subterránea. Ahora parece que esa situación está cambiando.

Pude ver por televisión como abrían las fronteras de Hungría y observé cuando el alambre de púas fue quitado y enrollado. Ahora los visitantes pueden comprar un pedazo de alambre con una inscripción que dice: "Una porción de la Cortina de Hierro".

Lloré mientras pensaba: "Si alguna vez hubo un tiempo de llevar Biblias a esta área, es ahora".

Dios le está diciendo a la iglesia: "Aquí está tu oportunidad".

Billy Graham estuvo en Hungría durante el mes de agosto de 1989. Más de 120.000 personas se reunieron en un estadio para escucharlo predicar el Evangelio. Fue tan grande la multitud que aceptó al Señor, que fue imposible darles literatura a cada individuo, así que tomaron toda la literatura y las lanzaron a la multitud que esperaba con hambre espiritual. Los ujieres confiaron en que Dios les haría llegar la literatura a los que más la quisieran y necesitaran.

¿Te das cuenta de lo que Dios está haciendo en la tierra? Este movimiento del Espíritu Santo es aun más grande que el movimiento carismático, mayor que la Iglesia Bautista, o las Asambleas de Dios, o cualquier otra denominación o grupo eclesiástico en la tierra.

Nosotros los cristianos debemos hacer un esfuerzo colectivo. Debemos conocer nuestra unción y autoridad, nuestra tarea en Cristo, y entonces estar unidos unos con otros y con el Espíritu de Dios.

Visión en el campo

En 1977, mientras mi esposa y yo asistíamos a la escuela, yo no tenía idea del plan de Dios para mi vida, así que comencé a buscar el rostro del Señor. Vivíamos en un apartamento localizado al lado de un gran campo. Todos los días, me levantaba temprano y caminaba por ese campo, orando y buscando la dirección de Dios para mi vida. Yo no conocía a nadie que me pudiera ayudar, y no podía imaginarme cómo Dios iba a hacer para que yo entrara al ministerio.

Un día mientras caminaba por ese campo, miré en dirección a una hierba alta. Súbitamente vi caras de todas clases, formas y colores: caras blancas, amarillas, rojas, negras. Todas estaban en la hierba. Mientras contemplaba fijamente esa escena sorprendente, de repente la unción del Señor cayó sobre mí y comencé a predicar. Prediqué el mejor sermón que jamás he predicado.

Cuando terminé, hice el llamado, y la gente aceptó al Señor, fueron salvas, sanadas y libertadas. Un gran avivamiento tomó lugar en aquel campo desierto a las seis de la mañana.

Lo que pasó fue que Dios engendró un sueño, una visión en mi espíritu. Desde ese momento, supe que iba a llevar el Evangelio a todas las naciones. Yo no tenía idea de qué Dios iba a hacer para realizar esa visión; yo sólo sabía que de alguna manera Él lo haría.

Mi esposa y yo nos graduamos de la escuela. Después asistimos y nos graduamos de Rhema Bible Training Center (Centro de Entrenamiento Bíblico: Palabra Viviente) en Tulsa, Oklahoma. Después de terminar nuestros estudios bíblicos, Dios nos dirigió en forma sobrenatural a Little Rock, Arkansas, donde fuimos asociados con la Iglesia Ágape.

En 1982 comencé a ver cómo mi visión se realizaba. Empecé a hacer viajes al extranjero, donde me ponía en contacto con personas que estaban haciendo grandes cosas para Dios. Ese otoño, inauguramos a Agape School of World Evangelism (Escuela de Evangelismo Mundial Ágape). Mi sueño se estaba haciendo realidad.

Fue durante ese tiempo que el Señor me habló en I Samuel 16:21. Él me dijo que pusiera mis prioridades en orden. Supe que debía ser el escudero de mi pastor y debía estar a su lado para cumplir con la visión que Dios había puesto en su corazón.

La unción de un escudero

A fin de desarrollar el verdadero espíritu de un escudero, el primer paso es entender nuestra unción. Hemos notado que un escudero es ungido para llevar el escudo de otro a la guerra. Su llamado y deber es dar su vida por otro.

En 2 Reyes 3:11 leemos:

*Mas Josafat dijo: ¿No hay aquí profeta de Jeho-
vá, para que consultemos a Jehová por medio de
él? Y uno de los siervos del rey de Israel respondió y dijo: Aquí está Eliseo hijo de Safat, que
servía a Elías.*

Yo creo que ahora mismo hay personas que han sido
fieles en "echar agua en las manos de sus Elías". Puedes
estar seguro de que la unción de Dios está por caer sobre
ellos. Dios está levantando todo tipo de personas, y lo
que Él está buscando son aquellos que se han mostrado
siervos leales, ungidos como escuderos.

La Palabra del Señor puede estar contigo, como
estuvo con Eliseo, porque Dios mira el corazón. Él miró
el corazón de Eliseo, y la Palabra del Señor estaba con él.

El manto de un profeta

Me pregunto, si Elías viviera hoy, ¿cuántas personas
estarían en fila queriendo recibir su manto? Me parece
que Elías hubiera sido bien rudo con ellos. Yo creo que
él les diría: "¡Búscate tu propio manto!"

Todo creyente tiene su propia unción, su propio manto. No necesitamos codiciar el manto de otro.

Eliseo se mantuvo fiel a Elías en diferentes circunstancias. Los historiadores nos dicen que Eliseo
sirvió a Elías por un promedio de quince a veinte años.
Por medio de esto sabemos que Eliseo escuchó todo lo

que Elías decía, y veía todo lo que él hacía, tanto bueno como malo.

Cuando el rey Acab envió sus soldados a buscar a Elías, él estaba sentado en una loma. Elías le dijo al capitán de cincuenta: "...Si yo soy varón de Dios, descienda fuego del cielo, y consúmate con tus cincuenta..." (2 Reyes 1:10). El fuego cayó, y cincuenta hombres murieron, dejando cincuenta caballos sin silla de montar que huyeron al pueblo.

¿Cómo habrías reaccionado tú si hubieras sido el asociado de Elías en ese tiempo? Seguro que hubieras pensado: "¡Qué suerte que estoy de su lado!" Te hubieras sentido orgulloso de poder decirles a todos: "Yo trabajo para Elías".

Reconociendo el lado humano de los líderes

En 1 Reyes 18:17-40, vemos otro momento en que Elías pidió fuego del cielo. Esta vez fue para consumir un sacrificio ofrecido al Señor. Todos recordamos la historia del famoso concurso en el monte Carmelo entre Elías y los profetas impíos para demostrar quién era el verdadero Dios: Jehová o Baal. Después que el Señor envió fuego del cielo y consumió el sacrificio; su profeta, Elías, tomó una espada y mató a 400 profetas de Baal.

Después de tal experiencia, uno pensaría que este hombre no le teme a nada. Pero leemos que la malvada reina Jezabel envió un mensajero amenazando la vida de Elías, él sintió temor y huyó al desierto. (2 Reyes 19:1-4.)

¿Cómo respondes tú cuando tu líder reacciona con temor, cuando tú descubres que él es tan humano como tú? Como asociado de Elías, ¿qué le hubieras dicho? Probablemente tú le hubieras gritado mientras él corría: "¡Oh, hombre de espíritu y poder, regresa!" He aquí una pregunta importante. ¿Has visto caer a tu líder? ¿Lo has visto cometer un grave error y hasta caer en pecado? ¿Cuál es tu reacción? ¿Te preparas para irte y buscar otro lugar de empleo, o estás dispuesto a ayudarlo, apoyarlo y verlo restaurado? Aquí es cuando sabemos de qué madera estamos hechos. Si hay una actitud de verdadero arrepentimiento, un hombre fiel se queda con su líder. Proverbios 11:13 dice: El que anda en chismes descubre el secreto; mas el espíritu fiel lo guarda todo". Un verdadero escudero sabe controlar su lengua en público, pero sabe hablar audazmente en oración.

Eliseo permaneció fiel a Elías, y por su fidelidad, cuando llegó el tiempo para que Elías dejara esta tierra, Eliseo pudo pedir una doble porción de su unción (2 Reyes 2:9). Elías conocía el corazón del joven que le había servido tan bien. Él le dijo a Eliseo que si él lo veía cuando dejara la tierra, entonces su petición sería concebida (v.10). Cuando Elías fue tomado, Eliseo estaba presente y vio cuando él fue llevado al cielo en un carro de fuego (v.11). El manto de Elías cayó de sus hombros a los pies de Eliseo. Fue entonces, en ese momento, que la unción se duplicó.

En estos últimos días, yo espero ver la unción de Dios sobre su pueblo en forma similar, doble o hasta triple. Pero caerá sobre aquellos que han sido fieles a sus Elías. Ya sea que veas a tu líder hacer grandes cosas, o cometer grandes errores, tú debes serle fiel.

En Apocalipsis 4:7, vemos una ilustración de los cuatro rostros de Jesús:

> *El primer ser viviente era semejante a un león;*
> *el segundo era semejante a un becerro; el tercero*
> *tenía rostro como de hombre; y el cuarto era*
> *semejante a un águila volando.*

Un león, un becerro, un hombre y un águila. Vemos a Jesús como un león cuando está tratando con el diablo y el pecado. Lo vemos como un becerro cuando Él vino a servir a la humanidad. Lo vemos como un hombre mientras Él tenía a los niños en brazos y los bendecía. Y lo vemos como un águila mientras Él oraba, predicaba y sanaba al pueblo. En todo líder verás a un león, cuando se trata de problemas; un becerro, cuando se trata de servir al pueblo; un hombre, cuando se trata de atender las ovejas; y un águila, cuando de predicar la Palabra del Señor se trata. Pero también verás a tu líder como un hombre cuando él está herido y lastimado.

La mayoría sólo ha visto a su líder como un águila, pero tú verás a tu líder en los cuatro rostros. Tú le verás cuando él tiene menos fe y poder, cuando diga o haga algo que te ofenda, cuando las cosas están difíciles en el área financiera y tengas que cortar el presupuesto de tu departamento.

Es fácil respetar a tu pastor cuando él está bajo la unción de águila. Pero también debes respetarlo cuando los tiempos están difíciles y él está comportándose más como un hombre. Se debe respeto al líder sin importar su apariencia o cómo él se sienta.

Algunas personas tienen la idea equivocada de que aquellos que trabajan en el ministerio están sentados todo el día, orando en lenguas y profetizándose unos a otros. El ministerio, sin embargo, es *trabajo, trabajo* y *más trabajo*. Requiere la habilidad de trabajar con otras personas sin ofender u ofenderse. El verdadero escudero es aquel que ve el lado humano de su líder y mantiene una actitud de respeto hacia él.

Reconociendo el derecho de autoridad divina

La segunda área que debemos comprender para ser verdaderos escuderos es el derecho de autoridad divina. Debemos saber, reconocer y rendir nuestras vidas a la autoridad divina y orar diariamente: "Padre no sea mi voluntad sino la tuya". Debemos decidir en nuestro corazón mantenernos en la voluntad de Dios a toda costa y sin importar las consecuencias.

Cuando miramos a Jesús, podríamos pensar que porque Él era el Hijo de Dios, no tuvo dificultad en hacer la voluntad de Dios en su vida. Veamos en Hebreos 5:7,8 para comprobar si esto es cierto:

> Y Cristo, en los días de su carne, ofreciendo ruegos y súplicas con gran clamor y lágrimas al que le podía librar de la muerte, fue oído a causa de su temor reverente. Y aunque era Hijo, por lo que padeció aprendió la obediencia.

Vemos a Jesús en "gran clamor y lágrimas" delante del padre, aun así escogió permanecer en la voluntad de Dios para su vida y orando para cumplir el llamado divino que estaba sobre Él.

Cueste lo que cueste, estés contento o triste, comprométete a cumplir el plan de Dios para tu vida.

Hace varios años el Señor me dijo algo que me ha ayudado en los tiempos malos. Él dijo: "Mantén tu vista en la resurrección y podrás sobrellevar la cruz". La cruz no es una carga; es el llamado de Dios en nuestras vidas. Si es la voluntad de Dios que permanezcas en el mismo lugar por el resto de tu vida para entregar tu vida a otros, entonces que se haga la voluntad de Dios.

"Dando a luz" a la voluntad de Dios

Un día estuve pensando acerca de lo que Dios ha puesto en mi corazón que haga para Él. Yo tengo un deseo divino de establecer iglesias y escuelas bíblicas en todas las naciones del mundo. Una vez le pregunté al Señor: "Padre, ¿cómo se realizará esta visión?"

Él me dijo: "Hijo, tú tendrás que hacerla realidad a través de la intimidad, embarazo, dolor de parto y nacimiento".

Los nacimientos espirituales toman lugar igual que los nacimientos naturales. Para poder traer algo del reino espiritual al reino terrenal, tenemos que tener intimidad con Dios. De esa intimidad viene el embarazo. Del embarazo, vendrán dolores de parto, entonces, finalmente el nacimiento.

Debemos dar a luz al cumplimiento de la voluntad de Dios en nuestras vidas. El cumplimiento de la visión divina no caerá del cielo. Debemos acercarnos a Dios, y entonces Él se acercará a nosotros. (Santiago 4:8.)

Algunas de las personas más infelices en el mundo, son las mujeres que se han pasado de tiempo para dar a luz. De igual manera, algunos de los cristianos más infelices en el mundo, son aquellos que están "embarazados" con una visión divina, y aún no han podido dar a luz a esa visión. Pero la intimidad con Dios debe tomar lugar primero, antes de que pueda haber embarazo.

Yo creo que el Espíritu Santo está hablando hoy las palabras de Oseas 10:12 al cuerpo de Cristo:

> *Sembrad para vosotros en justicia, segad para vosotros en misericordia; haced para vosotros barbecho; porque es el tiempo de buscar a Jehová, hasta que venga y os enseñe justicia.*

Para llegar a la intimidad con el Señor, debemos buscarle de todo corazón.

Una vez que hayamos desarrollado una relación íntima con Dios, seremos embarazados con un sueño o una visión que ha sido implantada en nosotros por el Señor. Entonces debemos tomar esa visión que fue implantada en nosotros por Dios en forma sobrenatural y comenzar a cuidarla y nutrirla, causando así su crecimiento y desarrollo. Tarde o temprano seremos guiados a dolores de parto, sin los cuales no hay nacimiento. Ese dolor es nuestra intercesión.

En Isaías 40:3 Dios habla de:

Voz que clama en el desierto: Preparad camino a Jehová; enderezad calzada en la soledad a nuestro Dios.

Juan el Bautista fue el precursor de Jesús. Él preparó el camino para la primera venida de Jesús. Tú y yo estamos preparando el camino para su Segunda Venida.

Un día el Señor me reveló la Escritura de Isaías 40:3 de esta manera: "La voz de aquel que clama en Little Rock, Arkansas, preparad el camino al Señor, enderezad calzada en Little Rock a nuestro Dios".

Nuestra intercesión es como si estuviéramos construyéndole un camino al Señor. Tenemos que hacer el trabajo primero, y entonces Dios mandará su gloria. Si somos pacientes y fieles, si seguimos el proceso de intimidad, embarazo, dolores de parto y nacimiento, nuestros sueños y visiones se harán realidad.

Siguiendo la carrera predeterminada por Dios

Habiendo sido predestinados conforme al propósito del que hace todas las cosas según el designio de su voluntad.

Efesios 1:1

La palabra "predestinado" en este verso se traduce "predeterminado". Dios tiene una carrera predeterminada, predesignada para tu vida. Esa carrera estaba trazada antes que cualquiera de nosotros hubiera nacido.

El Señor nos dice a cada uno:

Antes que te formase en el vientre te conocí.

Jeremías 1:5

Dios nos conocía antes de la fundación del mundo, y Él trazó una carrera individual para que cada uno de nosotros la siguiera. Ahora nuestra responsabilidad es descubrir la carrera de Dios para nosotros y seguirla para que así podamos espiritualmente, dar a luz a los sueños y visiones que Él ha planeado para nosotros antes que el mundo fuera creado.

Yo sé que, en este momento, soy llamado a ser el escudero de mi pastor. Y porque estoy dispuesto a quedarme en la voluntad de Dios, todas las promesas en la Palabra de Dios pueden cumplirse en mi vida.

El apóstol Pablo dijo:

He peleado la buena batalla, he acabado la carrera..

2 Timoteo 4:7

Pablo luchó por mantenerse en la carrera, y tuvo éxito. Él terminó la carrera trazada por Dios para su vida.

Descubre cuál es tu carrera, y entonces permanece en ella y nunca te des por vencido hasta que hayas llegado al destino y meta que Dios ha ordenado para tu vida.

Comprendiendo nuestra tarea y agradeciendo nuestros dones

El último paso de importancia que debemos tomar es aprender y comprender nuestra tarea divina. El cumplimiento de nuestra tarea depende del uso apropiado de los dones que Dios nos ha dado.

Todos los años mi familia se reúne en Nochebuena. Como mi familia es muy grande, nos reunimos antes de Navidad para escoger el nombre de la persona a la que le vamos a comprar regalos. Una Navidad, mientras repartíamos los regalos, noté que mi hermano gemelo recibió dos regalos. Por error pusieron su nombre en dos regalos diferentes. Cuando yo abrí mi regalo, me sentí decepcionado con lo que me regalaron. Miré a mi hermano gemelo y él se estaba riendo porque él recibió dos regalos bonitos. Viendo mi expresión de tristeza, mi esposa trató de consolarme.

"No te preocupes, Terry", me dijo, "cuando lleguemos a casa lo intercambiamos por algo que te guste más".

Por esta razón hay muchas personas por la iglesia diciendo que son apóstol, o profeta, o maestro. Muchas veces lo que ellos están haciendo es "intercambiando dones", porque no les gusta el don espiritual que Dios les ha dado.

Debemos reconocer que no tuvimos nada que ver con el don que Dios ha puesto dentro de cada uno de nosotros. Él otorga dones de acuerdo a su voluntad, y debemos recibir esos dones y permitir que el Señor añada más dones" según su voluntad" (I Corintios 12:11).

Mas ahora Dios ha colocado los miembros cada uno de ellos en el cuerpo, como él quiso.

I Corintios 12:18

Mientras somos fieles en lo poco, Dios nos pondrá sobre mucho (Mateo 25:21). Mientras permanezcamos en la tarea y con los dones que Dios nos ha dado, Él llevará nuestros dones ante personas de renombre.

Recuerdo una vez mientras asistía a la escuela bíblica, vi a un compañero entrar a la clase muy bien vestido. Esto era extraño porque él siempre vestía pantalones de mezclilla.

Cuando le pregunté por qué estaba tan bien vestido, él contestó: "Porque "los grandes" de la oficina principal nos visitan hoy; manténte a mi lado y te los presentaré". Me enojé tanto que me fui a mi habitación y le dije al Señor que si era así como funcionaba el ministerio, entonces que no contara conmigo. Ese día el Señor me dijo claramente: "Hijo, ¿no te has dado cuenta de que has sido presentado al Único Grande?"

Eso es cierto. Nadie es más grande que Dios. Permanece en tu tarea; y a su debido tiempo el Señor te exaltará.

Yo pasé por un tiempo en que Dios comenzó a hacer muchas cosas en mi vida. Durante ese tiempo muchos de mis sueños y visiones se manifestaron y se cumplieron. De igual manera, durante ese tiempo, comencé a tener más problemas y enfrentamientos que nunca antes en mi vida. Como director de nuestra escuela bíblica y de misiones, comencé a sentirme como un bombero; tan pronto apagaba un "fuego", de repente otro se encendía en otro lugar. Parecía que todo lo hacía mal.

Por un lado, Dios estaba haciendo cosas grandes, pero por otro lado me sentía cansado y desanimado. En ese tiempo pensé: "Dejaré que mi esposa (que es la administradora de la escuela) se encargue del trabajo; y yo me iré al campo misionero donde el trabajo es divertido y sólo le enviaré fotografías y postales".

En mi mente, yo estaba dispuesto a hacerlo, pero mientras oraba, vi una visión de David en mi espíritu cuando él era ungido por Samuel. Vi como el aceite corría por su cabeza mientras era ungido rey de Israel. En ese momento, el Señor me hizo una pregunta: "¿Qué hizo David después que fue ungido como rey?" Lo pensé por un momento y contesté: "Él regresó a apacentar las ovejas de su padre en el desierto".

El Señor me dijo: "Si en ese momento David hubiera salido a buscar un gigante para matarlo, el león y el oso se hubieran comido el rebaño. Esa escuela es tu rebaño, así que ocúpate de ella".

"Sí Señor", le dije: "Todo está claro".

Aunque seamos pastor, pastor asociado, director de música o laico, cada uno de nosotros tiene su rebaño. Ese rebaño de David era la tarea que Dios le había asignado, y él lo sabía, aunque él había sido ungido rey de Israel, su prioridad era continuar con la tarea que tenía a la mano.

Verás, los gigantes vendrán. Pero, si te quedas con tu tarea, cuando llegue el momento encontrarás al gigante y lo vencerás de la misma manera que David encontró y venció al suyo. Como David, tú serás exaltado, *después* que hayas sido fiel.

Personalmente, yo sabía que si no dedicaba el tiempo necesario a los estudiantes que están bajo mi cuidado, no podía esperar que ellos cooperaran conmigo en el campo misionero.

Tú mirarás tu condición y posición presente y pensarás cómo es posible que Dios te usara. Quizás pienses: "Yo no soy la persona encargada, así que siempre tendré que estar sujeto a otra persona. ¿Cómo podré realizar mis sueños y visiones?" Quédate tranquilo y date cuenta de que la Palabra de Dios no fue dirigida sólo a los líderes. Fue escrita para el cuerpo de Cristo, y eso te incluye a ti —exactamente donde estás hoy.

La misión de la Iglesia en los últimos días

Recientemente cuando me encontraba en Austria estuve hablando con un pastor de ese país. Él compartió algo conmigo que fue de gran bendición para mí.

En 1987, cuando estuve en ese país, yo tenía que dirigir una conferencia bíblica. Tuve una lucha conmigo mismo sobre lo que iba a enseñar. El día antes de la conferencia me levanté temprano y le dije al Señor:

"¿Padre, qué quieres que enseñe?" Yo no había consultado con Él para recibir su dirección.

El Señor dijo: "Predica acerca del patrón de la Iglesia del Nuevo Testamento".

Comencé a leer el libro de los Hechos para descubrir cuál era el patrón. El tema de todos los mensajes que recibí fue: "Si vamos a ganar a Austria para Dios, entonces tiene que ser a través de la iglesia local".

Entonces me di cuenta de lo que Dios decía: "Hoy es el día de la iglesia local en Austria". Yo creo que esto es para todos.

Este pastor de Austria me dijo que como resultado de esa conferencia, cuatro iglesias locales fueron establecidas en cuatro áreas diferentes. Me sentía tan bendecido y emocionado de que Dios me hubiera usado para despertar a una nación. Esto sucedió porque fui obediente y enseñé lo que Él quería que enseñara.

En 1989, establecimos la primera escuela bíblica en la historia de esa nación europea. He encontrado que Dios es fiel a nosotros si nos proponemos caminar en la unción que Él nos ha dado, si nos sometemos a su autoridad divina, y si cumplimos la tarea que Él nos ha asignado. Debes entender todas estas áreas para ser un escudero.

Nuestra generación pudiera ser la que se encuentre en el aire con Jesús. Es el tiempo de reevaluar nuestras vidas, nuestros ministerios, asegurarnos de que estamos donde debemos estar y haciendo lo que debemos hacer. A Satanás no le importa que edifiquemos nuestros sueños y visiones, mientras él sea el contratista. Si lo que estamos haciendo no es del Espíritu y no es dirigido por Él, cualquier cosa que edifiquemos caerá (Salmos 127:1). Satanás permitirá que edifiquemos, asegurándose de que manchemos el nombre de Dios, para que cuando fracasemos parezca que Dios tuvo la culpa.

Cuando salgamos a edificar el Reino, debemos estar seguros de que Dios está apoyando ciento por ciento lo que estamos haciendo.

El espíritu de un escudero es el Espíritu de Cristo. Este es el día en que debemos ver a los hijos de Dios tomando el escudo de otros dispuestos a cargarlos parar la batalla. Tenemos una visión y un mandato de Dios: alcanzar nuestra generación. Esto se cumplirá cuando desarrollemos el espíritu de un escudero y verdaderamente demos nuestra vida por otros.

¡Los escuderos de hoy serán
los líderes del mañana!

EL ESCUDERO DE DIOS

LIBRO 2

EL
ESCUDERO
DE DIOS

Cómo florecer donde Dios te plantó

TERRY
NANCE

Publicado por
Unilit
Medley, FL 33166

© 2002 Editorial Unilit (Spanish translation)
Primera edición 2002

© 1998 por Terry Nance
Agape Church, Inc., P. O. Box 22007
Little Rock, Arkansas 72221
Originalmente publicado en inglés con el título:
God's Armorbearer II,
How To Bloom Where God Has Planted You por Terry Nance.
Publicado por Harrison House, Publishing,
P. O. Box 35035
Tulsa, Oklahoma 74153, USA.
Todos los derechos reservados.

Traducción: Gabriel Prada

Producto 495253
ISBN 0-7899-1010-1
ISBN 978-0-7899-1010-3

Impreso en Colombia / *Printed in Colombia*

Categoría: Vida cristiana /Crecimiento espiritual/General
Category: Christian Living /Spiritual Growth /General

Dedicatoria

Dedico *El escudero de Dios II* a mi padre, Tommy Nance, quien me enseñó la importancia de llegar a tiempo, cumplir mi palabra y permanecer en un trabajo hasta terminarlo. Él ha representado un importante papel en mi vida y ministerio.

También estoy especialmente agradecido del personal de la Iglesia Ágape, quienes a través de su diligencia y experiencia brindaron los principios que se usaron en este libro.

Contenido

CAPÍTULO 5

Prefacio

Hace varios años fuimos una de las iglesias anfitrionas del equipo de Billy Graham, cuando vinieron para preparar la cruzada que se llevaría a cabo en la ciudad de Little Rock.

Recuerdo que me presentaron al hombre que habló ante nuestro comité timón. Él dijo que era uno de los más jóvenes entre los directores de la cruzada del equipo de Billy Graham. Solo había estado con el ministerio durante veinte años.

Más tarde, celebramos otra reunión en nuestra iglesia en la que Cliff Barrows fue el orador principal y George Beverly Shea cantó. Mientras estábamos sentados en el recibidor, antes de comenzar el servicio, ellos comenzaron a recordar y hablar sobre los «cuarenta y tantos» años que llevaban ministrando junto a Billy Graham. Fue tan maravilloso escucharlos reír mientras recordaban tantos momentos divertidos, y a la misma vez fue una poderosa experiencia reconocer la fidelidad de su llamado.

En la encomienda de Pablo a Timoteo, cuando ya estaba a punto de acabar su carrera y después de haber guardado la fe, le ruega a Timoteo que sea diligente en venir a verlo. Y entonces comienza a recordar a los que lo abandonaron y le hicieron mucho mal: *Porque Demas me ha desamparado, amando este mundo ... Sólo Lucas está conmigo. Toma a*

Marcos y tráele contigo, porque me es útil para el ministerio (véase 2 Timoteo 4:7-11).

Al momento de escribir este libro, Terry y yo llevamos quince años juntos en el ministerio. Supongo que Terry hizo todo lo que se puede hacer en cuanto al crecimiento de una iglesia se refiere. Él siempre fue fiel en «florecer donde lo plantaron». La Biblia dice que el hombre que es fiel abundará en bendiciones. Él está cumpliendo con su llamado en este ministerio, y es de bendición a todo el mundo a través de nuestra Escuela de Evangelización Mundial Ágape, de la cual es decano. Terry y su esposa Kim son dos de las personas más excepcionales que hemos conocido, y sé que su segundo libro sobre el ministerio de un escudero le impartirá un espíritu de excelencia a tu vida.

Happy Caldwell
Pastor, Iglesia Ágape
Little Rock, Arkansas

La hora de la iglesia local

Basado en las señales proféticas que vemos a diario, parece ser que la venida de Jesús está cerca. Y es por esta razón que siento la urgencia de que cada miembro del cuerpo de Cristo encuentre su debido lugar y permanezca fiel, para que podamos ser productivos en el reino de Dios. Creo que esta es la hora de la iglesia local.

La iglesia local es el *centro* desde el cual deben funcionar todos los dones ministeriales, y de donde deben fluir. En la iglesia local encontramos todo lo necesario para edificar el carácter de Cristo en nosotros. Cada miembro del cuerpo de Cristo debe descubrir su don y llamado y luego conectarse plenamente a una iglesia local, sometiéndose los unos a los otros y sometiéndose a los pastores y líderes que Dios llamó para dicha iglesia.

Cuando a mi oficina llegan personas que desean formar parte de nuestro cuerpo local —la iglesia— la primera pregunta que siempre les hago es: «¿De qué iglesia vienen y quién era su pastor?»

Uno puede aprender mucho, de acuerdo con la respuesta que se obtenga, acerca del tipo de cristiano que es la persona con la cual se está tratando. Millones de cristianos asisten a los servicios de la iglesia solo los domingos por la mañana, y no están comprometidos física ni espiritualmente con su iglesia. Sus razones para asistir varían desde la tradición, el deber religioso, hasta la aceptación social en la comunidad donde residen. Asistir a la iglesia una vez por semana calma sus conciencias ante las obligaciones religiosas.

¡Deténgase a pensar qué sucedería en este país si estas personas se llenaran del fuego de Dios y comenzaran a desencadenar y usar sus dones y talentos en el Cuerpo! Como resultado se alcanzaría al mundo con el evangelio. El llamado de la iglesia local es impactar su comunidad, pueblo o ciudad en el nombre de Dios. Al lector le hago las siguientes preguntas:

- ¿Cuál es el papel que te corresponde?
- ¿Dónde puedes involucrarte?
- ¿Qué recursos tienes disponibles?
- ¿Qué oportunidades se presentan ante ti?
- ¿Qué necesitan de ti los líderes de tu iglesia?
- ¿Cuántas veces te solicitaron ayuda o cuántas veces te ofreciste como voluntario?

Examina qué tienes en tus manos para ofrecerle a tu iglesia local. Quizás sientas que no tienes nada que ofrecer, pero eso no es cierto de ningún creyente. Cada creyente nacido de nuevo tiene algo único que ofrecer. Cada creyente ha recibido un llamado, el cual se hará evidente una vez que se involucre en su iglesia local.

Primera de Pedro 4:10 (NIV) dice:

Cada uno ponga al servicio de los demás el don que haya recibido, administrando fielmente la gracia de Dios en sus diversas formas.

Luego de leer este versículo se acabaron las excusas. Tú posees un talento que tu pastor y tu iglesia local necesitan para alcanzar tu ciudad. Cada iglesia tiene una visión que el Espíritu Santo le dio al pastor y él debe dedicar tiempo para comunicársela a la iglesia. Entonces los miembros de la congregación deben acudir al Señor Jesucristo para descubrir dónde es que cada uno de ellos encaja dentro de esa visión.

Las oportunidades de participación son ilimitadas. La mayoría de las iglesias locales tienen departamentos, actividades o ministerios de alcance en los cuales se debe involucrar cada miembro de la iglesia. Lo que sigue es la lista de algunos de los departamentos disponibles en nuestra iglesia:

Academia	Mantenimiento
Asesoramiento	Ministerio de evangelización
Asesoramiento financiero	Ministerio de música
Asesores en servicio	Ministerio en las cárceles
Centro de visitantes	Ministerio para los niños
«Chicos como tú»	Ministerio para los matrimonios
Clases de capacitación discipular	Publicaciones
Departamento de audio	Seguridad
Equipo de bienvenida	Solteros I (20-24)
Escuela de evangelización mundial	Solteros II (25-39)
Estudio bíblico para damas	Solteros III (40-60)
Grabaciones y duplicados	Temporalmente incapacitados
Intercesión	Ujieres
Librería	Visitación
Manos colaboradoras	Visitación a los hospitales

Puede ser que otras iglesias ofrezcan más o menos avenidas para el desempeño de la obra cristiana, pero siempre hay oportunidades disponibles que requieren personas dispuestas a darle uso a sus talentos.

Los escuderos son de vital importancia para la iglesia

Si no hay quien desempeñe estas tareas, la iglesia no puede funcionar y el evangelio no se predicará en nuestras ciudades. En la mayoría de las iglesias los pastores y líderes llevan sobre sus hombros el grueso del trabajo ministerial y es por eso que se escucha de tantos ministros que se «queman».

Los pastores y demás líderes espirituales deberían estar rompiendo barreras y avanzando en la tarea ministerial en vez de estar quemándose. El avance espiritual y natural ocurrirá cuando el cuerpo de Cristo en su totalidad decida hacer toda la tarea que le corresponde.

Llegué a la Iglesia Ágape, en Little Rock, dos semanas después de que la iglesia comenzara en mayo de 1979. Enseguida que llegué comencé a involucrarme. Decidí hacer todo lo que estaba a mi alcance para ayudar al Pastor Happy Caldwell a cumplir su visión para la iglesia.

En 1982 comenzamos una escuela de misiones con el fin de alcanzar hasta lo último de la tierra. Mi llamado consistía en dirigir la escuela y colocar nuestros misioneros en el lugar donde el Señor nos dirigiera. Una noche, en 1983, el Señor me llevó a leer la historia de David y Saúl. Abrí la Biblia en 1 Samuel 16:21 (NVI) y leí:

Cuando David llegó, quedó al servicio de Saúl,
quien lo llegó a apreciar mucho
y lo hizo su escudero.

En aquel momento el Señor me dijo: «Hijo, te he llamado para que seas el escudero del pastor Caldwell».

Un escudero llevaba a la batalla el escudo de su líder, y de ser necesario daba su vida en lugar de aquel a quien servía. Para mí el escudo representa la visión que Dios hizo nacer en el corazón y la vida del Pastor Caldwell.

El Señor dijo: «Corre con la visión que yo le di, y yo me encargaré de que la tuya se cumpla».

Ya llevo quince años en este ministerio, y estoy viendo cómo Dios cumple fielmente su llamado para mi vida. Estoy floreciendo allí donde Dios me plantó.

Dios está llamando a muchos cristianos para que se conviertan en escuderos de sus líderes y del uno por el otro. Debemos comenzar a trabajar como equipo para hacer que el Reino de Dios avance sobre la tierra.

Cierto día, mientras me preparaba para hablarle a nuestro personal ministerial y de oficina, el Espíritu Santo puso en mi corazón la idea de pedirles que cada cual me diera dos principios que los ayudaran a producir longevidad en sus posiciones y que les fueron útiles para florecer allí donde fueron plantados. En la iglesia tenemos varios miembros del personal que trabajan jornada completa y que durante varios años han formado parte de la iglesia. En términos generales el personal ministerial ha permanecido sólidamente comprometido.

De esa reunión salieron cuarenta principios importantes para producir longevidad de servicio en el lugar donde Dios te haya colocado. Lo que sigue a continuación es una lista de dichos principios en el orden que se presentaron.

Principios exitosos para florecer donde Dios te plantó

1. Dios debe llamarte.
2. En primer lugar, debes estar seguro de tener una relación personal con Jesucristo.
3. Rogar a Dios por Su visión o meta para tu vida.

4. Debes estar dispuesto a hacer todo lo que se te pida.

5. No perder de vista a las personas detrás del trabajo desempeñado.

6. Dar gracias por tu puesto y nunca darlo por sentado.

7. Debes estar dispuesto a someterte a la autoridad.

8. Conocer que estás en la voluntad de Dios.

9. Saber que tus recompensas están atesoradas en el cielo.

10. Desarrollar un corazón de siervo.

11. Andar sin ofensa.

12. Servir como si estuvieras sirviendo al mismo Jesús, sin fijarte en el hombre para quien trabajas. Por otro lado, ten cuidado de respetar su llamado.

13. Ser paciente.

14. Tener un nivel de lealtad que vaya más allá de los sentimientos personales.

15. Respetar a todos.

16. No escuchar la maldad, no ver la maldad, no hablar de la maldad.

17. Juzgarse a sí mismo.

18. Nunca ser demasiado grande para hacer las cosas pequeñas ni demasiado pequeño para hacer las cosas grandes.

19. Comprometerte con el ministerio de la misma manera que debes estar comprometido con tu matrimonio.

20. Saber que eres importante y necesario.

21. Ayudar a otros a cumplir con sus ministerios.

22. Hacer todo lo que sabes hacer para llegar a donde deseas llegar.

23. Hacer un trabajo excelente dondequiera que estés.

24. No alejarte de una encomienda hasta que la misma se logre por completo.

25. Nunca rendirse.

26. Ser alguien en quien se puede confiar.
27. Ser un buen seguidor al igual que un buen líder.
28. Mantener el gozo del Señor.
29. Permanecer siempre sensible al Espíritu Santo.
30. Obedecer siempre las instrucciones específicas de Dios.
31. Ser paciente el uno con el otro.
32. Andar siempre en amor.
33. Estar dispuesto a cambiar de dirección.
34. Saber que Dios es tu fuente.
35. Usar todas las habilidades que Dios te dio.
36. Desarrollar una perspectiva saludable de ti mismo.
37. Mantener siempre la visión general de la iglesia frente a ti.
38. Mantener una buena actitud.
39. Confiar en la gracia de Dios y en su unción sobre tu vida.
40. Tener la suficiente madurez para que te reprendan y corrijan.

Dividí estos cuarenta principios en cuatro categorías separadas que nos ayudarán a entenderlos mejor. Estaremos examinando los de mayor importancia en cada categoría:

- Longevidad
- Compromiso
- Actitud
- Trabajo en equipo

Al comenzar a hablarles sobre estas cuatro áreas, las estaré presentando desde la perspectiva de florecer en la iglesia local. Estas son las cosas que vas a necesitar para ser fiel y estar allí donde Dios desea que estés. Estos principios están produciendo frutos en mi vida, y sé que también será así en tu vida.

Principios para la longevidad

El primer principio para lograr la longevidad en el ministerio es *entender el llamado de Dios*.

Mateo 13:37,38 dice:

Respondiendo él, les dijo: El que siembra la buena semilla es el Hijo del Hombre. El campo es el mundo; la buena semilla son los hijos del reino.

Aquí podemos ver que en las manos de Dios somos «semilla», y que el mundo es su campo. Él desea que pongamos nuestras vidas en sus manos y que le permitamos plantarnos en el mundo. Dios determinó el tipo de semilla que eres, y dónde debe plantarte.

En Génesis 1:11 dice que la semilla es «según su género». ¿Y qué significa esto? Significa que una semilla de maíz siempre va a producir solo maíz, y un grano de trigo producirá trigo y un grano de arroz producirá arroz. Del arroz no se puede obtener maíz. Así mismo es en la mente de Dios. Él planificó nuestras vidas antes de que el mundo fuese creado. Y ahora, él quiere plantarnos a cada uno de nosotros para que podamos comenzar a florecer y a llevar fruto a su debido tiempo.

Si examinas con detenimiento cómo es que una semilla produce, podrás adquirir cierta intuición espiritual. Primero, una semilla se planta en la tierra para que atraviese un proceso de muerte. Luego una raíz comenzará a brotar y abrirse paso a través de la tierra mientras que la lluvia y el sol le van dando vida.

Alguna vez esa semilla piensa: «Podré abrirme paso por toda esta tierra que está encima de mí, es tan dura y me siento tan impotente».

Pero un día lo logra. La semilla se deja ver, y el brote se abre ante la luz del sol. Muchos miembros del Cuerpo de Cristo son como esta semilla, lo único que ven es la tierra acumulada encima de ellos. Incluso los miembros del personal ministerial a veces se sienten maltratados y olvidados. Al ver toda la tierra que los cubre, quizás llegaron a pensar que Dios se olvidó de ellos.

Si solo permanecieran allí donde Dios los plantó y decidieran ser fieles durante las temporadas difíciles, brotarían a su debido tiempo. Una semilla está destinada a brotar si es que se plantó en buena tierra. Si reconoces que estás en la voluntad de Dios y que te encuentras donde debes estar, entonces llegará el momento en que brotarás porque es el destino de Dios quien está obrando en ti.

Dios desea que sus hijos crezcan y se conviertan en árboles plantados junto a corrientes de agua (Salmo 1:3.) ¿Alguna vez notaste algo que es peculiar en un árbol? ¡Nunca se mueve! En los terrenos de nuestra iglesia tenemos varios pinos hermosos, pero al llegar en mi auto al estacionamiento de la iglesia, nunca he notado que durante la noche uno de estos árboles se cambiara a un lugar diferente porque no le gustara el lugar donde lo plantaron.

Sin embargo, en el cuerpo de Cristo, e incluso entre el personal de algunas iglesias, la primera vez que alguien se siente ofendido arranca sus raíces y se traslada a otro lugar, y entonces se pregunta por qué razón no hay fruto en su vida.

Si un árbol se desarraiga y replanta continuamente, final-mente las raíces se morirán. Son muchos los cristianos que han experimentado esto. A causa de la rebelión y del pecado que hay en sus corazones, constantemente brincan de una a otra iglesia. Rehúsan someterse a la autoridad, o sienten que poseen ciertos dones especiales para la iglesia, los cuales el pastor no está dispuesto a reconocer.

Este tipo de actitud es un impedimento para que una per-sona cumpla el llamado divino que recibió de parte de Dios. Debemos juzgarnos a nosotros mismos y estar dispuestos a morir a nuestros propósitos y sueños personales, y permitir que se cumpla la voluntad de Dios, sin considerar el costo que debe pagar.

Segunda de Timoteo 1:9 dice:

> *Quien nos salvó y llamó con llamamiento santo, no conforme a nuestras obras, sino según el propósito suyo y la gracia que nos fue dada en Cristo Jesús antes de los tiempos de los siglos.*

Considero que este es uno de los pasajes más importantes que hay en toda la Biblia respecto a la comprensión de tu lla-mado. Dios nos ha salvado y nos ha llamado. Eso significa que si naciste de nuevo, fuiste llamado. No podrás pararte un día frente a Jesús y decirle: «Nunca me llamaron». Él te salvó y te llamó de acuerdo con su gracia y propósito.

Dios tiene un propósito para ti

Dios tiene un propósito en tu vida que debes cumplir. No estás aquí por casualidad. En Dios tienes un destino que cumplir. Y debes buscar de Dios para identificar cuál es ese propósito. Entonces, te conviertes en el factor decisivo del cumplimiento de dicho propósito.

Dios ordenó y destinó el tiempo para que los hijos de Israel se dirigieran hacia la tierra prometida después de que Dios los sacara de Egipto. Sin embargo, el propósito de Dios no se cumplió en sus vidas porque dudaron y fueron incrédulos.

Durante cuarenta años los israelitas estuvieron caminando en círculos en medio del desierto, hasta que murieron todos los hombres mayores de veinte años. Las personas que no tienen propósito tienden a caminar en círculos, culpando a Dios y a los demás de sus fracasos. Caminan hasta que abren hoyos para ellos mismos y por último mueren. Y muchas veces mueren sumidos en la amargura y enojados con otras personas y con Dios.

Josué y Caleb, los únicos dos hombres de esa generación que vivieron para ver la tierra prometida, poseían un espíritu diferente. Sabían que tenían un propósito y un llamado para sus vidas y que por la fe en Dios podían poseer la tierra.

Realmente lamento el caso de Josué y Caleb porque tuvieron que esperar cuarenta años para tomar posesión de lo que por derecho les pertenecía. Podían haber estado disfrutando su destino, pero tuvieron que esperar a causa de la rebelión de otros.

Segunda de Timoteo 1:9 dice que el propósito y la gracia de Dios nos fueron dados en Cristo Jesús antes de la fundación del mundo. Antes de nacer ya Dios sabía quién eras tú. Incluso antes de decir: «¡Hágase la luz!» en su omnipotente mente ya él te conocía. Ya tenía establecida la razón por la cual naciste en la generación en la que naciste.

Un día me acerqué a Dios en oración y con sinceridad de corazón le pregunté: «¿Para qué estoy aquí? ¿Quiero saber por qué nací en la familia Nance? ¿Por qué razón estoy aquí y en este preciso momento?»

¿Sabes una cosa?, tú no tuviste nada que ver al respecto. Dios no consultó tu opinión cuando te planeó y te creó. Solo él fue quien lo decidió. ¿Por qué no naciste en los tiempos de Abraham, Moisés, David o quizá Jesús? ¿Por qué razón no nacimos en el siglo quince, dieciséis o diecisiete? ¿Por qué nos colocó Dios en esta última generación?

Creo que cuando Dios creó el mundo, vio un tiempo donde el pecado abundaría como nunca antes; un tiempo donde ocurrirían grandes calamidades por todo el mundo. Él pudo ver un tiempo cuando los engaños más grandes pondrían a prueba al pueblo de Dios, y un tiempo cuando la más profunda oscuridad vendría sobre muchos pueblos y el amor de muchos se enfriaría.

Y al ver todo esto, creo que Dios se dijo a sí mismo: «Voy a levantar un pueblo que no hará concesiones en cuanto a mi Palabra; un pueblo que en aquellos días se moverá con mi Espíritu, unción y gozo, y quienes anunciarán el mayor movimiento de mi Espíritu que el mundo jamás haya visto. Y derramaré mi Espíritu sobre toda carne y levantaré «una iglesia gloriosa, que no tuviese mancha ni arruga» (ver Efesios 5:27).

Cuando Dios determinó estas cosas, dijo que el pueblo que viviera durante este tiempo sería un pueblo «especial», y en su mente te vio a *ti*. Dios te vio y te colocó en el debido lugar con un propósito divino.

No importa qué puesto ocupas, estás ahí para producir para el reino de Dios y traer al perdido al conocimiento de Cristo y la salvación que ofrece. Debemos reconocer que fuimos llamados antes de conocer a nuestros familiares, a nuestro cónyuge o a cualquier otra persona en nuestras vidas. Y durante el juicio, tendremos que rendir cuentas a Dios por lo que hicimos con tal propósito y llamado.

> *Porque es necesario que todos nosotros comparez-camos ante el tribunal de Cristo, para que cada uno reciba según lo que haya hecho mientas estaba en el cuerpo, sea bueno o sea malo.*

2 Corintios 5:10

Es asombroso pensar que un día estaremos ante el Señor y daremos cuenta de lo que hicimos con los dones y con el llamado que nos fue dado. Mi pastor no podrá pararse en mi lugar y decir que yo fui un buen pastor asociado. Mi esposa no podrá testificar que yo fui un buen esposo. Solo yo podré responder ante el Señor.

Él me dirá: «Terry, ¿qué hiciste con lo que te di? ¿Cumpliste lo que te asigné?»

En este momento la asignación que he recibido de parte del Señor es ser pastor asociado titular y director de misiones de la Iglesia Ágape, Inc. El Señor me dijo que tomara la misma visión, unción e integridad de esta iglesia y que la reprodujera a través del mundo.

Todos tendrán que rendir cuentas

A ti, querido lector, te digo por el Espíritu de Dios: «Tan cierto como que estás leyendo esto, tú también tendrás que pararte frente a Él y responder a las mismas preguntas».

Es por eso que nuestro llamado es tan importante y por lo cual debemos soportar las vicisitudes que vengan mientras servimos. Debemos tomar la firme decisión de ver que la voluntad de Dios se cumpla en nosotros, no importa el costo. Hebreos 5:7 dice:

> *Y Cristo, en los días de su carne, ofreciendo ruegos
> y súplicas con gran clamor y lágrimas al que le po-
> día librar de la muerte, fue oído a causa de su temor
> reverente.*

Con tal de cumplir con la voluntad de Dios, Jesús derra-
mó lágrimas y lloró profundamente. Muchos ministros y
ayudantes de ministerio le huyen a todo lo que sea difícil y dicen: «¡Si es la voluntad de Dios, entonces va a ser fácil! Pues,
bienvenidos a la realidad. A veces es necesario un profundo
clamor y lágrimas para permanecer donde Dios nos plantó y
rehusar un cambio sin considerar las condiciones.

Otra de las prioridades para lograr longevidad en tu vida
es *tu relación personal con Cristo*. Es fácil involucrarse a tal
grado en la obra del ministerio que nuestra vida parece ir corriendo frente a nosotros y obviamos nuestro tiempo a solas
con el Señor.

Encuentro muy interesante que en Lucas 11:1 los discípulos le pidieran a Jesús que los enseñara a orar. Por aquel
entonces el ministerio de Jesús era bastante conocido, y los
milagros, las señales y las maravillas ocurrían a diario. Sin
embargo, la Biblia nunca dice que los discípulos le pidieran a
Jesús, ni siquiera una sola vez, su *unción*.

En la actualidad podemos ver grandes hombres de Dios
moviéndose en grandes unciones de sanidad y liberación. Es
asombroso escuchar la cantidad de personas que desean, co-
dician y quieren —y hasta harían cualquier cosa— para que
uno de estos ministros les impusiera las manos y les «trans-
fiera» la unción.

Ningún ser humano jamás se movió en los dones del
Espíritu Santo hasta el grado que Jesús lo hizo. Si codiciamos
ese tipo de unción, debemos hacer lo que hicieron los discípulos y pedirle al Señor que nos enseñe a orar. Debemos seguir los patrones que estableció Jesús. Los ministros están

cayendo porque perdieron su intimidad con el Señor. Muchos han caído en pecado simplemente porque sustituyeron una relación de intimidad por la obra del ministerio.

Mientras oraba en cierta ocasión, el Señor me reveló la clave para ver en mi vida la realización del cumplimiento del llamado. Es por medio de la intimidad, embarazo, dolores de parto y alumbramiento. La vida espiritual nace de acuerdo al mismo patrón en que se nace a la vida natural. Debemos entrar en una relación de «intimidad» con Dios. Y de esta relación de intimidad viene el «embarazo».

Esto significa que estamos embarazados con las visiones y los planes que Dios tiene para nosotros. Entonces, tenemos que sufrir dolores de parto. Sufrir *dolores de parto* significa «interceder, cuidar de, orar y hablar la Palabra de Dios sobre dicho plan o visión». Primero vienen las contracciones y luego nace la criatura.

Obtenemos el plan de Dios, su voluntad y dirección al establecer un hábito de oración y estudio de la Palabra. Las presiones se acumulan en contra de los cristianos de hoy, con una intensidad que nunca antes hemos experimentado. Esto es así porque el diablo sabe que el tiempo que le resta es corto. La clave para que podamos andar en victoria radica en clamar a viva voz: «Señor, enséñanos a orar».

Aquellos que buscan de Dios irán en pos de una visión

Tendrás muchas oportunidades para renunciar al puesto que ahora ocupas. ¡Yo me he enfrentado a momentos de pruebas y dificultades en los cuales oré a Dios para que me permitiera dejar mi cargo! Y encontré que la fortaleza para permanecer en pie, para continuar y para resistir a Satanás solo se logra en oración. En nuestro tiempo a solas con Dios, Él nos da paz y fortaleza.

Debemos desarrollar un corazón que constantemente busque a Dios. David, el Rey de Israel, era conocido como un hombre cuyo corazón anhelaba un encuentro con Dios. Si hoy pudiésemos entrevistarlo, tal vez le podríamos preguntar cuál fue el mayor logro de su vida:

- ¿Acaso fue ser el mayor de todos los reyes?

- ¿Acaso fue ser el mejor de todos los músicos?

- ¿Acaso fue llegar a ser el hombre más rico sobre la tierra?

La respuesta de parte de David vendría de uno de sus salmos:

> *Una cosa he demandado a Jehová, ésta buscaré;*
> *que esté yo en la casa de Jehová todos los días de mi*
> *vida, para contemplar la hermosura de Jehová, y*
> *para inquirir en su templo.*

Salmo 27:4

La meta primordial de David era capturar el corazón de Dios. Si en algún momento hemos de convertirnos en verdaderos éxitos en el reino de Dios, también debemos saber que nuestro primer ministerio es glorificarlo y honrarlo. Primera de Pedro 2:5 dice que somos un sacerdocio santo, y que debemos ofrecer sacrificios espirituales aceptables a Dios por medio de Jesucristo.

El primer llamado que todos hemos recibido es para adorar y honrar al Señor diariamente. Jesús oró al Padre. Él cultivó el hábito de orar. Esa era la clave de su unción, sabiduría y longevidad.

Y saliendo, se fue, como solía, al monte de los Oli-
vos; y sus discípulos también le siguieron.

Lucas 22:39

Otro aspecto importante de la longevidad es tener una visión y una meta. Escuché a un individuo decir: «Yo preferiría
tener metas elevadas y alcanzar la mitad de ellas que no tener
ninguna meta y alcanzarlas todas».

2 Reyes 4:1-3 dice:

Una mujer, de las mujeres de los hijos de los profe-
tas, clamó a Eliseo, diciendo: Tu siervo mi marido
ha muerto; y tú sabes que tu siervo era temeroso de
Jehová; y ha venido el acreedor para tomarse dos
hijos míos por siervos.
Y Eliseo le dijo: ¿Qué te haré yo? Declárame qué
tienes en casa. Y ella dijo: Tu sierva ninguna cosa
tiene en casa, sino una vasija de aceite.
Él le dijo: Ve y pide para ti vasijas prestadas de to-
dos tus vecinos, vasija vacías, no pocas.

A la viuda se le dio la oportunidad de decidir: O ir y buscar muchas vasijas o pedir prestado solo algunas vasijas. Ella
reunió las vasijas y comenzó a verter el aceite. ¿Y cuándo se
acabó el aceite? El aceite se acabó cuando se le acabaron la
vasijas. En sus manos estaba la clave para el milagro que iba
a recibir.

Ella pudo haber dicho: «Hay demasiado calor hoy para ir
a buscar vasijas», o «Eliseo, no me siento bien», o «Solo
pude encontrar una sola vasija».

Lo que trajo fue lo mismo que recibió. Si ella hubiese sa-
bido lo que en realidad Dios estaba a punto de hacer, hubiera

encontrado un pozo vacío y le hubiese dicho: «¡Esta es mi vasija!»

Eliseo se hubiese reído, y creo que Dios también. Si en la vida no ejercitas tu fe para alcanzar una meta o una visión, nunca lo lograrás. Tendrás que levantarte de donde estás y trabajar para cumplir tu meta. Dios bendice tu esfuerzo.

Al principio de llegar a Ágape, no sabía con exactitud cuál era mi meta y visión para Dios. Sabía que tenía un gran deseo por el campo misionero, pero eso era todo. Como me estaba acostumbrando a mi nueva iglesia, no esperaba que de inmediato me enviaran al campo misionero. Así que comencé con la tarea de abrir y cerrar el edificio y preparar todas las cosas antes de cada servicio.

Esa era una meta pequeña, pero aun así era una responsabilidad que Dios me dio y la desempeñé durante tres años hasta que Él llamó a una persona que se encargara de ello a tiempo completo. Mientras tanto, las puertas del campo misionero comenzaron a abrirse. *Y todo lo que te venga a la mano, hazlo con todo empeño* (Eclesiastés 9:10, NVI).

Si acudes a tu pastor o a los líderes de tu iglesia y comienzas a servirles, la visión que Dios tenga para ti comenzará a hacerse realidad. Sé de bendición en tu iglesia local, y verás cómo las puertas comenzarán a abrirse por todos lados.

De alguna manera todos debemos conectarnos a un cuerpo local, bajo el liderazgo de un pastor que Dios haya llamado. Muchas personas se trasladan de un ministerio a otro, basándose en lo que consideran que tiene cada uno para ofrecerles —sin nunca preguntarse qué quiere Dios.

Permanece donde Dios te colocó

Saber que estás en el ministerio que Dios desea para ti es, otra clave más para lograr longevidad. Creo que esta es la década de la iglesia local. Usar los ministerios como un trampolín está mal, y esa podría ser muy bien la razón por la que no estás prosperando en tu llamado. Esta clave es aplicable a todos, y no tan solo a los ministros que trabajan a tiempo completo.

Cuando me gradué del Colegio Bíblico *Southwestern Assembly of God*, recibí una excelente oferta. El decano del colegio me dijo que deseaba recomendarme a una iglesia muy buena, lo cual podía ser una gran oportunidad. Sin embargo, sentí paz en mi corazón en cuanto a ingresar en el Instituto de Capacitación Bíblica Rhema, en Broken Arrow, Oklahoma, cerca de la ciudad de Tulsa.

Sabía que si nos mudábamos para Tulsa, mi esposa y yo tendríamos que buscar trabajo. Esta mudada representaría una verdadera prueba de fe para nosotros, especialmente cuando se me presentaba la oportunidad de ingresar de inmediato al ministerio trabajando jornada completa.

Mis amigos me decían: «¿Por qué vas a ingresar a un instituto bíblico? ¡Acabas de graduarte del colegio bíblico!»

Pero Dios tenía otros planes. Él estaba preparando mi camino a Little Rock, usando la ruta de Tulsa. Debemos seguir nuestros corazones y no las ofertas. Dios tiene control del futuro, y el mejor futuro para ti no siempre se encuentra en la mejor de las ofertas. La voluntad de Dios es que permanezcas plantado allí donde Él te tiene hasta que te diga que puedes mudarte.

Esto nos lleva a considerar otra clave para lograr longevidad en el ministerio y es la siguiente: *Considerar a Dios como tu única y completa fuente*. Cada creyente se enfrentará a una situación en la que tendrá que decidir si confiar en Dios o confiar en el hombre. Jeremías 17:5-8 dice:

> *Así ha dicho Jehová: Maldito el varón que confía en el hombre, y pone carne por su brazo, y su corazón se aparta de Jehová.*

> *Será como la retama en el desierto, y no verá cuando viene el bien, sino que morará en los sequedales en el desierto, en tierra despoblada y deshabitada.*
>
> *Bendito el varón que confía en Jehová, y cuya confianza es Jehová.*
>
> *Porque será como el árbol plantado junto a las aguas, que junto a la corriente echará sus raíces, y no verá cuando viene el calor, sino que su hoja estará verde; y en el año de sequía no se fatigará, ni dejará de dar fruto.*

Nos mudamos a Tulsa y alquilamos un pequeño apartamento. Kim, mi esposa, consiguió un empleo, y yo comencé a trabajar en una iglesia, media jornada, de director de los jóvenes. Pero el dinero casi no nos alcanzaba. En un momento dado y durante un período de dos semanas, lo único que teníamos en casa para comer eran ocho docenas de huevos que la tía de Kim nos regaló. Habíamos pagado todas las cuentas, pero no teníamos dinero para comprar alimentos.

Cuando me di cuenta de que teníamos que comer huevos durante dos semanas, estuve a punto de llorar y pedirles ayuda a mis padres. Sabía que lo único que tenía que hacer era una llamada de teléfono y el dinero estaría en camino. Sin embargo, también sabía que eso sería depositar mi confianza en mis padres y no en Dios.

Después de varios días pensé que iba a echar plumas: comimos huevos fritos, huevos revueltos, huevos hervidos y huevos escalfados. Fue entonces cuando recibí una llamada del pastor de una iglesia de unos mil miembros quien me pidió que considerara ir a trabajar con él. El salario me pareció que era enviado desde el cielo, y pensé que tal vez Dios quería que me marchara de Tulsa y aceptara dicho empleo.

Le dije al pastor que iría a visitarlo en referencia al trabajo, pero cuando colgué el auricular Kim comenzó a llorar.

Me dijo: «Terry, sabes muy bien que es aquí donde Dios nos quiere. Creo que ni siquiera debemos ir para hablar con el pastor acerca del empleo». Después de orar, llamé al pastor y me excusé por incluso haberle dicho que iba a visitarlo en referencia al empleo. Le dije que yo estaba seguro de que el Señor me había enviado a Tulsa. Entonces colgué el teléfono, miré a Kim y le dije: «Pásame los huevos».

No me arrepiento de haber tomado tal decisión, porque ese fue el medio que Dios usó para enseñarme a confiar en él. Incluso cuando llegué a Little Rock y hablé con los hermanos Caldwell, sabíamos que estábamos dando un paso de fe. Ellos sabían que nosotros debíamos unirnos a su congregación, y a su vez Kim y yo sabíamos que Dios nos estaba diciendo que debíamos aceptar. Vinimos sin mencionar nada respecto al sueldo, solo sabíamos —por la paz que sentíamos en nuestro interior— que Dios supliría todo, y así lo ha hecho.

Tú debes tener una revelación en el corazón de que tu iglesia no es tu fuente, ni tu pastor ni tu sueldo. Todos los cristianos enfrentaremos momentos cuando será necesario encontrar en quien confiar: en Dios o en el hombre. Si te inclinas por el hombre, el hombre será el límite de tu provisión.

Conozco personas que se ofrecieron a trabajar como voluntarias en una iglesia, sin recibir ningún tipo de remuneración económica, sino trabajando arduamente como para el Señor. Entonces, por su fidelidad, la iglesia las empleó. Empezaron a recibir un sueldo, pero se esperaba que llegasen a tiempo y que cumplieran con una jornada de trabajo normal. Su actitud comenzó a cambiar porque pensaron que la iglesia les debía algo. Sentían que valían mucho más de lo que la iglesia les estaba pagando, y que las demandas de trabajo eran muchas. Perdieron de vista para Quién estaban trabajando y Quién era su verdadera fuente.

No permitas que tu corazón se llene de ira en contra de tu pastor o empleador, cuando te encuentres en una situación donde debes confiar en Dios financieramente. Si estuviste de acuerdo en trabajar por el sueldo que el ministerio te ofreció, entonces no tienes derecho a enojarte cuando enfrentes una situación de carencia en tu vida.

Tu fuente de provisión debe ser Dios.

Confía y obedece

Otros dos principios para lograr longevidad en el ministerio son t*ener confianza en la gracia de Dios sobre tu vida* y *siempre obedecer las instrucciones originales de Dios*.

En tu vida tienes la gracia, los talentos y las habilidades para hacer lo que Dios te envió a hacer. Quizás al principio no entiendas o reconozcas tus talentos, pero a su tiempo los verás, si es que persistes.

Primera de Corintios 15:10 dice:

> *Pero por la gracia de Dios soy lo que soy; y su gracia no ha sido en vano para conmigo, antes he trabajado más que todos ellos; pero no yo, sino la gracia de Dios conmigo.*

Cuando por primera vez llegué a la Iglesia Ágape y me senté con el Pastor Caldwell, él me preguntó cuáles eran mis talentos. Me sentí un poco avergonzado y en realidad no tenía nada que decirle. Todo lo que sabía era que para mí, yo tenía muy poco talento.

Así que lo miré y le dije: «Lo único que puedo decirle es que seré fiel, que podrá confiar en mí y que nunca llegaré tarde».

Y él respondió: «Eso es lo que estoy buscando».

En ese momento comencé a ver la gracia de Dios, y a entender que su gracia es una experiencia humillante. Cuando él toma tu vida, te unge y te convierte en algo que nunca pensaste que llegarías a ser; significa que su gracia está obrando.

Cuando escribí *El Escudero de Dios* en 1990, me preocupaba que nadie lo leyera. Me preguntaba por qué Dios me había pedido que lo escribiera, ya que en ningún momento pretendí ser un escritor.

Cuando llegaron los primeros siete mil quinientos ejemplares, almacenamos las cajas en un cuarto de suministros. Cerré la puerta, me arrodillé y casi le rogué a Dios que vendiera los libros. Para mí ha sido una gran bendición ver a Dios usar el libro de la manera en que lo ha hecho. Hasta el día de hoy permanece entre los libros de mayor venta y se vende alrededor del mundo en cuatro idiomas.

Tú también posees ciertos talentos que saldrán a la luz a medida que confíes en la gracia de Dios para las cosas pequeñas. Por su gracia somos lo que somos. Si siempre *obedeces* sus instrucciones originales, comenzarás a ver cómo las cosas comienzan a funcionar.

Muchas veces, a causa de un celo desmedido de hacer grandes cosas para Dios, comenzamos a alejarnos del curso que él nos ha establecido. Queremos soñar grandes sueños, y luego verlos hacerse realidad. El problema con esto es que un día vas a despertar y te darás cuenta de que el sueño no era de Dios, sino que era un sueño muy personal.

Ir en pos de tu sueño te llevará a una calle sin salida, en la que por lo general el resultado es una gran pérdida de tiempo y dinero. Debes hacer una parada y examinar lo que en el principio Dios te dijo que hicieras. Regresa a lo que él te dijo en lo profundo de tu corazón. Es allí donde encontrarás la paz de Dios y su prosperidad.

Hoy es fácil para un cristiano decir: «Me siento dirigido a hacer esto», y «Me siento dirigido a hacer aquello». La gente va de un lado a otro siempre sintiendo que «están dirigidos», pero nunca «dirigidos por el Espíritu Santo».

Si el Señor te dice que te unas a una iglesia y que allí te comprometas a servir, entonces debes hacer exactamente lo que él dice. Decide ser la mayor bendición que tu iglesia jamás haya visto en un creyente. Desde ahí, Dios te va a dirigir un paso a la vez, y no lo perderás de vista. No perderemos de vista al Señor si aprendemos a andar en el Espíritu y a permanecer en lo que originalmente Dios nos dijo que hiciéramos.

Paciencia y flexibilidad

La paciencia es otra clave para lograr la longevidad. Paciencia significa «padecer aflicciones, dolor, dificultades, calamidad, provocación o cualquier otro mal, con una actitud calmada y sin desplegar la ira». Paciencia también significa resistir o soportar sin murmurar ni inquietarse. O también es la acción o cualidad de esperar largo tiempo por la justicia o por un bien sin sentir descontento. Romanos 12:6,7 dice:

> *De manera que, teniendo diferentes dones, según la gracia que nos es dada, si el de profecía, úsese conforme a la medida de la fe; o si de servicio, en servir; [permaneciendo fieles en la administración del servicio]...*

Puedes ver por qué enfrentamos tantos problemas en nuestra vida: no somos pacientes. No estamos dispuestos a soportar las vicisitudes y siempre estamos buscando una oportunidad para que se nos exalte y promueva. La Biblia nos enseña que debemos permanecer fieles y firmes en la administración de nuestro servicio. Dios desea desarrollar en ti su carácter antes de exaltar tu ministerio. Sin embargo, por lo general, lo que primero deseamos es la promoción y luego la formación del carácter.

A medida que tomas la decisión de permitir que la voluntad de Dios opere en tu vida, y te conectas a una iglesia local, siempre estarán presentes las oportunidades para murmurar, quejarte e impacientarte. La mayoría de estos sentimientos casi siempre se dirigen hacia los que están en puestos de autoridad sobre nosotros. Consideramos que tenemos un llamado y un puesto que ocupar, y que nuestros pastores no nos permiten desarrollar nuestros dones.

Esto ocurre en ocasiones, si te encuentras con un pastor que es el tipo de persona controladora. Pero a pesar de todo, la médula del asunto es esto: ¿Te llamó Dios para estar allí? Si te llamó, probablemente fue con el propósito de aprender paciencia.

He aprendido que si en verdad deseo que algo me suceda, si en verdad deseo que una nueva puerta se abra, primero tengo que entregárselo al Señor. Es asombroso ver que cuando se hace, no pasa mucho tiempo antes de que la puerta se abra. Debes descansar en Dios y en el ministerio, y dejar que su tiempo perfecto corra su curso. Es por medio de la fe y la paciencia que has de recibir la promesa.

Junto con la paciencia, también debes tener flexibilidad. Eso significa *estar dispuesto a cambiar.* Debemos tener cuidado de no caer víctima de la rutina. La rutina no es otra cosa que una tumba alargada.

La mayoría de las personas en el mundo prefieren sentirse «seguras», lo cual significa mantener en forma estable sus pequeños «mundos», en los que hay muy poco cambio. Por causa de esta característica de la naturaleza humana, podemos desarrollar una «visión túnel», y perder la guía del Espíritu Santo cuando nos pide que hagamos cambios en nuestras iglesias y en nuestras vidas.

Si analizas lo que le sucedió a la Iglesia desde la década del 1960 hasta el presente, puedes ver a Dios moviéndose de forma muy diferente en cada década.

En los años sesenta, Dios comenzó a derramar su Espíritu sobre todas las denominaciones, y como resultado surgió el Movimiento Carismático. Los años setenta trajeron consigo un avivamiento en el oficio del maestro. Alrededor del país se levantaron centros de enseñanza. Entonces la década de los ochenta trajo consigo un nuevo compromiso y un llamado a devolver el énfasis ministerial a las iglesias locales. Y en la década de los noventa, el Señor volvió nuestra atención hacia la cosecha de las almas perdidas.

De esto aprendemos cómo es que el Espíritu Santo cambia de dirección, y puedes ver por qué necesitamos seguir Su dirección para que nos ubiquen para la cosecha de estos últimos días. Si vas a estar en la corriente de Dios, debes investigar dónde Él se está moviendo y seguirle.

En tu iglesia enfrentarás muchas oportunidades de cambio, y dichos cambios se presentarán de manera tal que se requerirá tiempo para ajustarte. Para que nuestras iglesias y nosotros podamos crecer, debemos ser receptivos para escudriñar nuestros corazones y dejar que los cambios nos perfeccionen.

Creo que Dios nos está retando a tomar pasos de fe que nunca antes hemos dado. Dios desea que trascendamos más allá de nuestra zona de comodidad. El propósito es abrir tu ministerio para que se puedan alcanzar más personas. Los hijos de Israel estaban a gusto siempre que Dios los cubría de día con una nube y los protegía del sol del desierto, y un fuego de noche para calentarlos y maná para alimentarlos.

Por lo menos estuvieron bien hasta que Dios dijo que había llegado el momento de hacer un cambio. Les dijo que tomaran posesión de la tierra prometida. Pero les iba a quitar sus «seguridades», y tendrían que pelear y tomar posesión de la tierra por fe. ¿Qué sucedió? Fueron incrédulos y se rebelaron. ¿Por qué? Porque llegó el momento de hacer cambios, y ellos estaban muy cómodos en su presente situación.

Tu vida y tu ministerio se detendrán por completo si no estás dispuesto a aceptar cambios. Si estás cómodo, nunca podrás cumplir con lo que Dios tiene para ti. Si piensas alcanzar esta generación con el mensaje del evangelio, nunca podrás hacerlo con una mentalidad al estilo de los años sesenta, setenta u ochenta. Quizás estés más cómodo con la manera en que las cosas eran en el pasado, pero esta generación moderna piensa muy diferente.

La Iglesia debe meterse en una relación profunda con Dios e indagar cuáles son las estrategias que desea darnos para alcanzar esta generación. Los ministerios que hacen precisamente esto son los que marcarán pautas en los años de la cosecha que tenemos por delante.

3

Principios para el compromiso

El primer principio para el compromiso es la *lealtad y la fidelidad* que trasciende *todos* los sentimientos personales. El diccionario define *lealtad* como «ser fiel a un príncipe o superior, ser fiel a la fe, deber o amor (que se juró o prometió)». La fidelidad se define como «adherirse firmemente a un deber, leal, cumplidor de un juramento», o ser «un súbdito confiable».

Estas definiciones muestran el corazón de un escudero. Es alguien que se entrega a sí mismo por los demás. Es honesto y leal con sus líderes y se le puede confiar asignaciones difíciles. Por supuesto, la lealtad y la fidelidad son hacia Dios y luego hacia los hombres.

Cuando se llevaron cautivos a Babilonia al profeta Daniel y a los tres jóvenes hebreos, estos rehusaron comer los manjares que por lo general se servían en la mesa del rey. Las leyes dietéticas que Dios le dio a Moisés prohibió muchos de estos alimentos. Me pregunto por qué razón los demás cautivos no siguieron el ejemplo de estos fieles.

Sin embargo, si uno medita en este tema, no es tan fácil culparlos. Habían destruido su país, es probable que a los miembros de su familia los hubieran asesinado o llevado como esclavos a una ciudad foránea. Tal vez pensaron que Dios se había olvidado de ellos y que ya no había razón para continuar cumpliendo con sus leyes. Pero Daniel permaneció fiel, y como resultado, lo exaltaron grandemente en medio de una nación impía.

Hoy en día, como miembro asociado del ministerio de una iglesia, cuando uno de los pastores o líderes te pide o te encomienda que hagas o cambies algo, tu situación no es la de un prisionero en un país extraño, como fue el caso de Daniel. Tu actitud hacia los superiores es una prueba de tu lealtad a Dios.

La lealtad siempre se prueba, en primer lugar, en los asuntos donde Dios está involucrado. Si no te gusta algo que un superior te pide que hagas, quizás pienses que es un asunto personal entre tú y él. Pero lo cierto es que es un asunto entre tú y Dios, si es que en realidad Dios te colocó allí. Tienes que hacer ciertos cambios en tu actitud y en tu obediencia a Dios, y luego no te molestará lo que te pidan que hagas.

Cuando tomes la decisión de servir a Dios en cualquier ministerio donde él te haya colocado, debes poner a un lado todo tipo de sentimientos personales. Después de todo, antes de colocarte allí ya Dios conocía todas las reglas y regulaciones de ese ministerio.

La fidelidad es algo que se debe identificar de acuerdo con 1 Corintios 4:2. La Biblia dice que debemos conocer a los que trabajan entre nosotros. Por eso es que tu pastor y los líderes de tu iglesia buscan la fidelidad. Cuando ellos encuentran alguien que ha probado ser fiel en situaciones contrarias y difíciles, saben que tal persona es madura y puede manejar más responsabilidades.

Considera las cuatro características siguientes de un hombre fiel:

1. Un hombre fiel sabe cómo mantener la boca cerrada (Proverbios 11:3.)

2. Un hombre fiel ministra fortaleza a su pastor y a su iglesia. (Proverbios 13:17.)

3. Un hombre fiel siempre habla la verdad. (Proverbios 14:5.)

4. Un hombre fiel es un hombre humilde. (Proverbios 20:6.)

Nadie trabaja ni es miembro de una iglesia perfecta. Los pastores tampoco son perfectos. Es difícil ser fiel mientras uno está trabajando con gente imperfecta. Por otro lado, si examinas tu vida, seguramente encontrarás que no eres tan perfecto como piensas. Pero Jesús murió en la cruz por personas imperfectas, para que todos pudiésemos participar de su vida divina. Nosotros debemos igualmente entregarnos por los demás con el propósito de llevar otras personas al reino perfecto que es el reino de Dios.

No seas ni muy grande ni muy pequeño

Otro principio para el compromiso es el siguiente: *Nunca seas demasiado grande para hacer lo pequeño ni tampoco seas demasiado pequeño para hacer lo grande.* Un día, mientras exponía estos principios a nuestro personal, el ministro de los niños explicó el siguiente punto. Cuando él se unió a nuestro personal, lo llamaron a trabajar con los niños. Estaba muy contento y feliz con lo que estaba haciendo, pero un día le pidieron que participara en nuestro programa de televisión que lleva por nombre «Chicos como tú».

Todo era nuevo para él y pensó: «Es imposible que yo participe en un programa de televisión y que represente el papel de uno de los caracteres principales».

Pero Dios lo estaba probando para extenderlo y llevarlo hacia una nueva área con el propósito de alcanzar más niños.

En los planes de Dios siempre está la intención de exaltarte, pero vas a descubrir que debes extenderte. Él nunca pensó ni deseó hacer tal cosa, pero Dios tenía un plan. Es posible que a veces no podamos ver la mano de Dios al enfrentarnos a más responsabilidades, y tememos no tener la suficiente capacidad para aceptarlas.

Sin embargo, tampoco podemos llegar a tal punto en nuestras vidas donde nos creamos demasiado grandes para realizar las tareas pequeñas. Ciertos líderes tienen la actitud de que basado en quiénes son, tienen la excusa suficiente para hacer lo que quieren y decir lo que quieren. Pero la Biblia es bastante clara al decir que ellos también tienen un Juez.

Hay una ley que funciona con amos y siervos por igual: Cosechas lo que siembras (Gálatas 6:7). Exáltate a causa del orgullo, y estás destinado a caer (Proverbios 16:18). Si no eres una persona educable, abres la puerta al engaño. Pablo dijo que no debemos tener más alto concepto de nosotros mismos que el que debemos tener (Romanos 12:3). Una vez que comenzamos a pensar que somos mejores que los demás, comienzan los problemas. Debes tomar la firme decisión de ser humilde de corazón y pensar de ti mismo con sobriedad, y entonces Dios te exaltará.

Otro principio es *hacer un compromiso con el ministerio de la misma manera que estás comprometido con tu matrimonio.* Por supuesto, tu matrimonio, antes que tu puesto en la iglesia, ocupa el primer lugar; no obstante, tu disposición hacia la obra del Señor debe tener el mismo fervor.

Respecto al compromiso, en cierta ocasión escuché la historia de un granjero que tenía una gallina y un cerdo que lo amaban entrañablemente porque él era muy bueno con ellos.

El día del cumpleaños del granjero la gallina se acercó al cerdo y le dijo: «Hagamos algo especial por él», y el cerdo dijo: «Me parece maravilloso, pero ¿qué podemos hacer?»

La gallina dijo: «Vamos a servirle un desayuno. Yo le daré los huevos y tú le das el tocino».

Y el cerdo dijo: «Espera un minuto. ¡Tú solo le estás dando una ofrenda, pero a mí me estás pidiendo un *compromiso total!*»

Ser fiel y desempeñar la obra a la que te llamaron requiere un compromiso total. La clave más potente para lograr un matrimonio exitoso es la comunicación. De la misma manera, es indispensable la comunicación, al trabajar con tus pastores y líderes. La falta de comunicación es la razón por la cual hay tantos malentendidos. Jesús siempre dedicó suficiente tiempo para comunicarse con sus discípulos. Él reconoció que la continuación de Su ministerio dependía de la buena comunicación.

Por supuesto, esta necesidad de comunicación es mutua. Los obreros deben dejarles saber a los pastores y líderes los problemas potenciales, y los pastores deben disponer de tiempo para dedicar sus corazones a la gente. Si un pastor está verdaderamente unido a su redil, las ovejas conocerán su voz. Una congregación clama por seguridad. Y esto ocurre cuando hay un compromiso con el pastor y el pastor se compromete con su congregación.

Procura hacer siempre lo mejor

Hacer siempre lo mejor es otro principio para el compromiso. Un pastor siempre está preocupado pensando si los miembros del personal ministerial y su congregación sienten lo mismo que él en cuanto a la iglesia. La manera en que tú puedes administrarle paz a tu pastor, como escudero, es haciendo siempre lo mejor y con excelencia.

Una visitante llegó cierta mañana a nuestra iglesia, en sus brazos traía a un niño llorando. La mujer parecía estar acongojada, por lo tanto, una de nuestras obreras del salón de cuna tomó al bebé en sus brazos y le dijo a la mamá que entrara al culto. Al finalizar el servicio la mujer se entregó a Jesús haciéndolo Señor y Salvador de su vida. La obrera del salón de cuna se percató de la situación, y decidió hacer lo mejor posible. Cuando ella se presente ante Jesús, una gran recompensa la estará esperando.

Colosenses 3:23,24 dice: *Y todo lo que hagáis, hacedlo de corazón, como para el Señor y no para los hombres; sabiendo que del Señor recibiréis la recompensa de la herencia, porque a Cristo el Señor servís.*

Los dos últimos principios para el compromiso son:

1. *No dejes una encomienda hasta terminarla.*
2. *Nunca te rindas.*

Si estás trabajando en cualquier departamento de una iglesia y te asignan un trabajo, ¡simplemente cumple con él! Y entonces, asegúrate de que esté terminado. Muchas veces queremos comenzar un nuevo proyecto antes de completar el anterior.

Tendrás muchas oportunidades para renunciar. Estas se presentan a menudo. Renunciar no requiere esfuerzo alguno; es el camino más fácil a tomar. Cuando Dios me dijo que fuera el escudero de mi pastor, no había excepciones incluidas en el llamado.

Cuando comenzamos a construir el edificio donde nos congregamos en la actualidad, el Señor dijo que lo hiciéramos «libre de toda deuda». Tomar una decisión como esta significa que gran parte del trabajo dependerá del esfuerzo voluntario del personal y de la congregación. Significa tener que trabajar todos los sábados. Y cuando nos mudamos del centro comercial para el nuevo edificio, no tenía techo, ni alfombras y había un increíble problema con la acústica.

Antes de cada servicio teníamos que acomodar todas las sillas y luego quitarlas junto con todo el equipo de sonido y los instrumentos de la banda musical. Los obreros de la construcción llegaban al edificio al día siguiente del servicio y dejaban un tremendo reguero. El piso se llenaba de polvo y antes de cada servicio teníamos que barrer y dejar todo limpio. A veces parecía como que estábamos cubiertos de una «nube de gloria», pero en realidad no era otra cosa que el polvo de las planchas de cemento prensado.

Cuando comenzamos, abundaron los voluntarios, pero con el paso de las semanas y los meses, parecía que solo nos quedaban unos cuantos ayudantes. Mi responsabilidad era asegurarme de que el trabajo se llevara a cabo. Durante este tiempo no había muchos días disponibles para simplemente descansar. Pero cuando pienso en aquellos tiempos, no los cambiaría por nada —aunque me alegro de que ya pasaran—. Con los «infortunios» descubrí algunas cosas que no sabía que estaban allí, algunas buenas y otras no tan buenas. Pero a través de todo aprendí que la única manera de lograr el éxito es no rendirse nunca.

Cuando por fin instalaron la alfombra ¡me arrodillé y la besé! Creo que nunca antes mis ojos habían visto algo tan hermoso.

Si en realidad estás comprometido con el pastor y la iglesia donde el Señor te ha enviado, entonces no te rendirás cuando tengas que enfrentar momentos difíciles. La realidad es que en el crecimiento de tu iglesia tendrás que enfrentar retos que pondrán a prueba tu nivel de compromiso, ya seas un miembro o un pastor.

Tendrás el privilegio de lidiar con el orgullo, la ira, la amargura, el egoísmo y todas las cosas destructivas que forman parte del comportamiento humano. Pero una vez que aprendas a lidiar con estas, aprenderás a conquistarlas y a dejar que Dios obre en tu vida, y entonces te asemejarás más a Él.

Dios te está preparando para el liderazgo. La clave radica en permanecer comprometido con Dios, con tu llamado y con los líderes que son tus superiores.

4

Principios para la actitud

El primer principio para la actitud es tener *la disposición de hacer todo lo que se te pida*. Esto es lo que los líderes están buscando en aquellas personas que desean involucrarse en el ministerio. Esta es la actitud que todos nosotros debemos desarrollar en nuestros corazones cuando trabajamos en el reino de Dios. Quizás pienses que no tienes el talento o la habilidad para desempeñar cualquier cosa que se te haya pedido, pero tomarás la decisión de hacerlo solo *porque* te pidieron que lo hagas.

Poco tiempo después de llegar a esta iglesia me pidieron que me encargara del boletín semanal. Yo no tengo ninguna habilidad artística. Calcar corazones para el día de San Valentín fue lo último que hice relacionado con las artes, ¡cuando estaba en quinto grado! Pero le dije al Pastor Caldwell que con mucho gusto lo haría. Me tomó bastante tiempo hacerlo, pero lo hice tan bien como pude, de acuerdo a mis habilidades, porque la iglesia necesitaba que se hiciera. Más tarde llegó otra persona con los talentos necesarios y me reemplazaron de dicha tarea.

En otra ocasión le pedí a un hermano que me ayudara a hacer algo, pero su respuesta fue: «Lo siento, pero ese no es mi don».

Él podía tener toda la razón, pero lo que yo le estaba pidiendo era ayuda y no una palabra profética de parte del Señor. Sin embargo, este es el tipo de actitud que muchas personas demuestran en las iglesias locales, y es por esa razón que nunca se usan. Lo que hay dentro de una persona es más importante que lo hay fuera de esa persona. Para mí no hay bendición más grande que cuando las personas llegan a nuestra iglesia y expresan su deseo de ser miembros y de inmediato desean saber cómo pueden ser útiles. Estas son las personas que a la larga terminan ocupando las posiciones de liderazgo.

La próxima clave para tener la actitud correcta es *nunca perder de vista a las personas que están detrás del trabajo*. Este pensamiento lo expresó una de nuestras operadoras de computación, quien día tras día se sienta a teclear en nuestras computadoras la información que necesitamos en el ministerio. Ella dijo que el Señor la ha ayudado a no solo incorporar un nombre tras otro, sino a preocuparse por esas personas y orar por ellas. Uno nunca debe permitir que la labor que desempeña en la iglesia se convierta en otro trabajo más.

Los obreros de la iglesia deben conocer a los participantes. Deben saber que están trabajando para *personas*, amando *personas* y dando sus vidas a diario por esas *personas*, a quienes Dios ama por igual. Sin las personas no existirían las iglesias. Las personas son la razón por la que se nos llama a trabajar en el Reino.

Por ejemplo, prepararnos para nuestro campamento anual requiere un trabajo inmenso. A veces, lo mejor que podemos sentir en cuanto al campamento es que ¡por fin se terminó! Pero esa actitud era un error completo y me sucedía porque me dejé atrapar por la cantidad de trabajo y las responsabilidades. Mi enfoque no estaba concentrado en las personas.

Estoy seguro de que hubo momentos cuando los discípulos se sintieron de esta misma manera, tal vez después que Jesús alimentó a miles de hombres, sin contar a las mujeres y a los niños, con los panes y los peces. Uno espera que los discípulos estuvieran contentos luego que la cena terminó y se recogieron las sobras de las cestas. Solo imagíneselo por un momento, fueron partícipes de un maravilloso milagro.

Y esto es como uno siempre debe pensar: «Aquí se nos presenta la oportunidad de ministrarles a más personas, y Dios me está permitiendo ser un participante».

Si te molesta todo el trabajo que tienes que desempeñar, entonces es necesario que examines concienzudamente la actitud de tu corazón. Estás perdiendo de vista a la *gente*. Si todo el trabajo que desempeñamos está cambiando el destino eterno de las personas, entonces vale la pena todo el esfuerzo que le dediquemos.

Sé agradecido en todo

Un tercer principio para tener una actitud correcta es, *estar agradecido por tu puesto y no perder el gozo*. Siempre debemos estar agradecidos por el lugar donde Dios nos ha colocado. El apóstol Pablo escribió diciendo que en todas las cosas debemos estar agradecidos, porque esta es la voluntad de Dios (1 Tesalonicenses 5:18). Quizás desees un cambio en tu vida y cargo, pero este solamente llegará cuando aprendas a estar agradecido por el lugar donde te encuentras. No solo debemos estar agradecidos en tiempos buenos, sino también en los momentos de dificultades.

Aprendí una gran lección en cuanto a ser agradecido cuando visité a una pareja misionera de nuestra iglesia que servía en el norte de Rumania. El estilo de vida de allí es como lo era hace cien años en nuestro país. Esta pareja tiene cinco hijos y tenía que preparar a mano todos sus alimentos.

Mientras estuvieron allá tenían la responsabilidad de comenzar una iglesia y un colegio bíblico. Durante los primeros cuatro meses no tuvieron agua caliente, y cuando por fin consiguieron un tanque de agua caliente, se descompuso al poco tiempo de estar trabajando. Pasaron varias semanas antes de que pudieran arreglarlo.

Al observar todo lo que sucedía en aquel hogar, les pregunté: «¿Cómo se las arreglan?» Ellos me miraron y lo que me respondieron fue palabra de revelación a mi corazón. «Hemos aprendido a ser agradecidos. Si no tenemos agua *caliente*, entonces le damos gracias a Dios por el agua que sí tenemos. Cada día oramos en el Espíritu durante una hora, y luego le damos gracias a Dios continuamente».

Ese es el tipo de actitud que te convertirá en un ganador en cualquier situación que enfrentes. La victoria comienza con acción de gracias.

En Filipenses 1:15-19, Pablo escribió sobre ciertas personas que estaban predicando con malas intenciones, con el propósito de añadir aflicciones adicionales a Pablo quien se encontraba en prisión. Pero él no respondió a estas noticias con una actitud negativa o errada. Por el contrario, se regocijó ante el hecho de que por lo menos se estaba predicando de Cristo.

Si en este momento estás enfrentando problemas en tu ministerio o empleo, comienza a regocijarte. Esto traerá fuerzas a tu vida, y esa fuerza les ministrará a todos los que te rodean. Tendrás que pelear para mantenerla, pero es tuya. Las circunstancias no determinan el gozo.

Pablo aprendió esta lección varios años antes cuando a él y a Silas los castigaron con «muchos azotes» y los echaron en la cárcel con los pies asegurados en el cepo. Pero ellos oraban y cantaban himnos de alabanza a Dios, aun hasta la medianoche, y sobrevino de repente un gran terremoto que sacudió los cimientos de la cárcel. Las puertas se abrieron, y las cadenas de todos se soltaron (Hechos 16:23-26).

Considera con detenimiento la fe que estos dos ejercieron. Sus espaldas sangraban, sus pies estaban asegurados al cepo y todo esto por hacer la voluntad de Dios. Qué maravillosa oportunidad para quejarse y murmurar. En el ámbito de lo natural, si ellos se iban a quejar, este era el momento para comenzar. Pero por el contrario, comenzaron a adorar a Dios.

Personalmente creo que quizás Pablo miró a Silas y le preguntó cómo se sentía. Silas le respondería diciendo: «Estoy dolorido, pero creo que voy a sobrevivir».

Entonces Pablo diría: «Silas, vamos a hacer algo que quizás sea la cosa más ridícula que jamás hayas escuchado, especialmente en un momento como este. ¿Qué te parece si alabamos a Dios?»

Estoy seguro de que Silas dijo: «Pablo, tienes razón. Es la cosa más ridícula que he escuchado. Pero, hagámoslo por fe. Estoy contigo».

Me imagino al Señor Jesús mirando al Padre y diciéndole: «¿Escuchas las alabanzas de nuestros siervos Pablo y Silas? Sé que están doloridos y que sufren por mi causa, pero escucha su fe».

Y Dios se conmocionó tanto que envió un terremoto y las cadenas de *todos* se soltaron. Si necesitas que ciertas puertas se abran, entonces comienza a elevar tu adoración a Dios y dale las gracias por ser quien Él es. De ese tipo de alabanza procede tu liberación, la cual afectará a todos los que están a tu alrededor. Hebreos 13:15 dice que a Dios siempre le debemos ofrecer sacrificio de alabanza, que es el fruto de nuestros labios dándole gracias.

El corazón de siervo
hace que la actitud sea correcta

El próximo principio para desarrollar una buena actitud es, *tener un corazón de siervo*. Jesús les dijo a sus discípulos que en el reino de Dios, los que son «jefes» son los que sirven. Les dijo que él estaba entre ellos como Uno que sirve

(Lucas 22:25-27.) Jesús poseía un verdadero corazón de siervo. Los cristianos nunca se graduarán de ser siervos.

Examina la vida de Eliseo, que comenzó su ministerio como siervo de Elías, y desempeñó esa labor durante varios años. Cuando Josafat, rey de Judá, preguntó si en la nación de Israel no había un profeta de Jehová a quien acudir en busca de consejo, se mencionó el nombre de Eliseo. Sin embargo, lo que se mencionó no fueron los milagros que había hecho ni la poderosa unción que poseía.

Uno de los sirvientes del Rey de Israel dijo: «Aquí está Eliseo, hijo de Safat, el que vertía agua en las manos de Elías» (2 Reyes 3:10-12, Biblia de las Américas).

En otras palabras, su recomendación se basaba en su papel de siervo de un gran hombre. Eliseo era el escudero de Elías.

La frase «quien vertía agua en las manos de Elías» se hizo realidad para mí cuando visité a Mike Croslow, uno de nuestros misioneros en Uganda. Él me llevó selva adentro para predicar en una aldea donde no había agua ni electricidad. La aldea no se encontraba en el fin del mundo, pero uno se sentía como si se viera desde allí.

Debajo de un árbol de mango le predicamos a cientos de personas, y disfrutamos de un tiempo maravilloso. Cuando llegó la hora del almuerzo, entramos a una pequeña iglesia construida con lodo y nos sentamos a la mesa. Al no ver los utensilios para comer le pregunté a Mike si los tenían. Me dijo: «No, hermano. Hoy tendrás el honor de comer con las manos».

Entonces se acercó a la mesa un chico de catorce años que llevada en sus manos un jabón y una jarra de agua. Como yo era el invitado se acercó a mí primero, me entregó el jabón y comenzó a verter agua sobre mis manos. Luego hizo lo mismo con los demás ministros que allí se habían congregado. Después de esto, trajeron los alimentos, oramos y comimos.

Cuando terminamos, el jovencito regresó y nuevamente vertió agua mientras nos lavábamos las manos.

Después de esta experiencia, tuve una mejor comprensión de la cultura del Medio Oriente en los días de Elías y Eliseo. El joven Eliseo preparaba los alimentos del profeta, traía agua, y la vertía sobre las manos de Elías antes y después de comer. Él le limpiaba su casa, cocinaba y desempeñaba todas las tareas que se requerían. Eliseo tenía un verdadero corazón de siervo.

A medida que aprendes a servir, la unción de Dios para ayudar a otros aumentará sobre tu vida. David llegó a ser rey y tenía una gran unción, pero experimentó a Dios por primera vez mientras cuidaba las ovejas. Él estaba dispuesto a dar su vida con tal de proteger las ovejas de su padre.

Velaba aquel rebaño con un corazón de siervo y ojos vigilantes. Jamás lo escuchamos quejarse por tener que cuidar de unas apestosas ovejas. Y por haber pasado la prueba de servicio con las ovejas, también pudo pasar la prueba de Goliat, cuando esta se presentó.

Ahora bien, ¿cuál es *tu* rebaño? ¿Acaso es cuidar de un grupo de párvulos todos los domingos por la mañana? ¿Dirigir el coro, un grupo de jóvenes o los niños de la iglesia? ¿Estás involucrado en la limpieza general, en darle la bienvenida a los visitantes o en ser ujier?

Tu rebaño, o área de responsabilidad, es tu «terreno de prueba». Si funcionas bien como siervo, te ascenderán.

Esto nos lleva a un principio que está relacionado con esto y que es, *servir como si estuvieras sirviendo a Jesús.* En la Biblia vemos con claridad que debemos trabajar como si estuviésemos trabajando para Jesús. Si en lugar de poner tus ojos sobre tu jefe, te esmeraras por complacer primero a Dios, entonces podrías complacer a tu jefe. Debemos aprender a ver a Jesús como nuestro Eterno Empleador.

Entender la autoridad

Siervos, obedeced en todo a vuestros amos terrena-
les, no sirviendo al ojo, como los que quieren agra-
dar a los hombres, sino con corazón sincero, te-
miendo a Dios. Y todo lo que hagáis, hacedlo de co-
razón, como para el Señor y no para los hombres.

Colosenses 3:22,23

Si Jesús te pide que limpies los baños de la iglesia, ¿cuán limpio estarían?

Si Jesús te pide que manejes el autobús de la iglesia, ¿llegarías siempre a tiempo?

Si Jesús te pide que ayudes en el salón de cuna de la iglesia, ¿con cuánto amor y cariño tratarías a los niños?

Si Jesús te pide que ores por tu iglesia y por el liderazgo, ¿con cuánto fervor lo harías?

Si Jesús te pide que te involucres en tu iglesia local, ¿con cuánta rapidez responderías?

Cuando te ofreces como voluntario y te asignan una tarea, debes recordar que es como si Jesús te lo pidiera, porque cualquier cosa que hagas, es para Él que lo haces.

Esto nos lleva a la actitud de *someternos a la autoridad delegada que Dios ha establecido sobre nuestras vidas.* Romanos 13:1,2 dice que Dios estableció las autoridades y todo el que resiste a la autoridad es a Dios a quien resiste.

Dios estableció toda autoridad en cadenas de mando bajo él. En esta tierra Dios ordena la obediencia a las autoridades superiores, desde el gobierno mundial hasta el gobierno eclesiástico. El cielo se rige bajo el principio de la autoridad: Dios el Padre, Dios el Hijo y Dios el Espíritu Santo, luego los arcángeles, querubines y serafines quienes están sometidos a las autoridades superiores.

Si Miguel le dice a un ángel que se encargue de una situación en la tierra, el ángel no dice: «Pero es que yo solo recibo órdenes de Gabriel». Él nunca haría tal cosa, ya que recuerda con claridad lo que le sucedió al último grupo de ángeles que actuaron de esa manera.

Dios estableció todos los *cargos* de autoridad y la autoridad descansa sobre dicho cargo, y no sobre el hombre que lo ocupa. Debemos someternos al cargo, ya sea que nos guste o no quien lo ocupa. Si tal persona hace mal uso de dicho cargo, podemos orar para que cambie o para que deje su cargo.

Para someternos a la autoridad como es debido, es necesario tener la adecuada comprensión de que la autoridad descansa en el cargo y no en el que lo ocupa. Si en este país un presidente pierde su cargo a través del voto democrático, deja de tener autoridad sobre lo que se lleva a cabo. Un ex presidente no tiene la autoridad de llegar en su auto a la Casa Blanca y dirigirse a la Oficina Oval, sin someterse al protocolo de seguridad apropiado, igual que un ciudadano común y corriente. ¿Por qué? Simplemente porque ya no ocupa un puesto de autoridad.

En Números 20:8-29 cuando Dios le dijo a Moisés que le hablara a la roca, vemos que Moisés y Aarón estaban en rebelión en contra de lo que Dios les ordenó. Enojado, Moisés golpeó la roca en lugar de hablarle, y Aarón estuvo a su lado en medio de tal rebelión. Pues bien, Dios le dijo a Moisés que trajera a Aarón y a su hijo Eleazar al Monte Hor. Allí, Moisés recibió las instrucciones de Dios para que despojara a Aarón de sus vestiduras sacerdotales y vistiera con ellas a su hijo Eleazar. Cuando eso sucedió, Aarón murió. Esto nos enseña lo que sucede cuando no somos dignos representantes del llamado ante el pueblo. Permanecía la autoridad del cargo sacerdotal, pero ahora descansaba sobre Eleazar.

Cuando nos sometemos a la gente y a la autoridad, nos sometemos al cargo. El único derecho que tenemos para no someternos a las autoridades es cuando dicha autoridad viola directamente la Palabra de Dios. Cuando se nos pide que hagamos algo que viola la Palabra de Dios, entonces no debemos someternos, porque respondemos a una autoridad *superior*.

Pero seamos verdaderamente honestos, por lo general esto no es lo que sucede. Casi siempre la rebeldía comienza cuando tienes que someterte a las reglas del salón de cuna de tu iglesia. Es allí donde comienza. Entonces trasciende hasta los requisitos de los miembros de la iglesia, y cuando ya logras vencer esto, entonces te enfrentas a lo que involucra ser un ujier, miembro del comité de bienvenida, trabajar en la limpieza, cantar en el coro, tocar en la banda, enseñar en la Escuela Dominical y demás.

Otro tipo de autoridad que representa un papel principal en muchas iglesias locales es: *Así es como siempre lo hemos hecho aquí.* Dondequiera que vayas te vas a encontrar con esta «autoridad». En realidad, no importa si estás de acuerdo o no con la manera en que se llevan a cabo las cosas, si crees que el deseo de Dios es que participes en el ministerio de esa iglesia, debes someterte.

Si te enojas y comienzas a murmurar en contra del pastor y de los líderes, entonces estás en rebelión. Tú no estás en contra de las personas que ocupan tales puestos; sino que te estás oponiendo a Dios. Si tienes un problema con algo, toma un tiempo y haz un esfuerzo para hablar con los líderes en actitud de amor, y permíteles que te expliquen por qué trabajan como lo hacen.

Cinco estructuras de la autoridad

Existen cinco estructuras de la autoridad a la que todos debemos someternos:

1. *Dios y su Palabra* (1 Juan 2:3,4)

En nuestros corazones debemos guardar la Palabra de Dios y someternos por completo a sus mandamientos. La razón es que nos van a juzgar de acuerdo con la Biblia, y por lo tanto, nuestras vidas deben alinearse con la Biblia como la Palabra de Dios.

2. *Gobierno nacional y local* (1 Pedro 2:13,14)

El apóstol Pedro dijo que por amor al Señor cada cristiano debe someterse a todas las ordenanzas humanas. Por ejemplo, si trabajas, debes pagar los impuestos al Buró de Rentas Internas. De otra manera, te echarán a la cárcel. Quizás esto no te agrade, pero tienes que hacerlo porque esa es la ley. Si nos rebelamos en contra de pagar los impuestos, en realidad nos estamos rebelando en contra de Dios y no en contra del hombre. Por otra lado, si las leyes establecidas nos prohíben predicar, entonces son las leyes nacionales las que se han rebelado en contra de Dios, y nosotros tenemos una autoridad mayor a quien responder.

3. *La Iglesia*

Cierto día, en 1980, me encontraba sentado en la oficina de la iglesia leyendo mi Biblia, cuando escuché la voz del Espíritu de Dios que me decía: «Celebren un día de aprecio al pastor».

Nunca había escuchado de tal cosa. Fui criado en la iglesia, pero nunca hicimos algo así. Entonces comenté la idea con los demás miembros del personal ministerial e hicimos los arreglos pertinentes.

Un domingo por la mañana me acerqué al púlpito, mientras el Pastor Caldwell se preguntaba qué estaría sucediendo. Entonces anuncié que estábamos celebrando el día de aprecio al pastor, y decidimos bendecir su vida económicamente recogiendo una ofrenda especial. También les pedimos a varios hermanos que pasaran al púlpito y le dijeran al resto de la congregación lo que la familia Caldwell significaba para ellos.

Desde entonces, todos los años hacemos lo mismo, con el fin de mostrarles a nuestro pastor y a su esposa que les apreciamos y amamos. Sin embargo, hace varios años se me acercó un hermano que pensaba que estábamos exaltando al hombre en vez de exaltar a Jesús. Escudriñé mi corazón y la Biblia, y encontré el pasaje de 1 Timoteo 5:17,18:

Los ancianos que gobiernan bien, sean tenidos por dignos de doble honor, mayormente los que trabajan en predicar y enseñar.
Pues la Escritura dice: No pondrás bozal al buey que trilla; y: Digno es el obrero de su salario.

Cuando me di cuenta de que la Biblia dice que los pastores son dignos de doble honra, comprendí que estábamos haciendo lo correcto. Los pastores tienen autoridad y deben dar cuenta de dicha autoridad. Ellos merecen ser apreciados. Hebreos 13:17 dice:

Obedeced a vuestros pastores, y sujetaos a ellos; porque ellos velan por vuestras almas, como quienes han de dar cuenta; para que lo hagan con alegría, y no quejándose, porque esto no os es provechoso.

Quiero retar a cada miembro del personal ministerial y a cada miembro de iglesia que haya leído este libro, para que se unan a otros en sus iglesias y dediquen un día para mostrarles a sus pastores que ustedes los aman. Oren y pídanle al Señor que los guíe para saber lo que deben hacer ese día, y bendigan a sus pastores de la mejor manera posible. Hagan esto una vez al año y anímenlos. Ustedes verán cómo Dios honra esto y cómo el amor de Dios fluirá en su iglesia.

4. *La familia*

En Efesios 6:1, Pablo escribió: «Hijos, obedeced en el Señor a vuestros padres, *porque esto es justo*». Mientras estés viviendo bajo el techo de tus padres, tienes que someterte a ellos. Si tienes más de cuarenta años de edad y aún resides en la casa de tus padres, entonces tendrás que someterte a ellos en muchas áreas de tu vida. Mi sugerencia es que te mudes. Una vez que dejes de vivir bajo su techo, dejarás de estar bajo su autoridad. Sin embargo, debes recordar que la Biblia dice que siempre debes honrarlos.

5. *Empleadores*

Pedro escribió: «Criados, estad sujetos con todo respeto a vuestros amos; no solamente a los buenos y afables, sino también a los difíciles de soportar» (1 Pedro 2:18). Esto nos enseña con claridad que en nuestro lugar de empleo debemos someternos a cualquier persona que ejerza autoridad sobre nosotros. Esto significa que debemos orar por nuestros jefes, y si son difíciles de carácter y exigentes, debemos orar para que Dios se apodere de sus corazones y los convierta en «jefes mansos».

Deja las quejas y comienza a orar. Entonces asegúrate de llegar siempre a tiempo y de hacer un buen trabajo. Tu diligencia los ministrará. Y si cumples con estos consejos, seguramente Dios abrirá una puerta para que les expongas el evangelio de Cristo.

El centurión que le dijo a Jesús «di la palabra» y eso sería suficiente para que sanara a su sirviente, entendía muy bien el principio de autoridad. El centurión era un hombre que *tenía* autoridad. Pero también era un hombre *bajo* autoridad. Jesús dijo que en todo Israel no había hallado este tipo de fe. ¿Por qué el centurión tenía esa fe? Él *entendía* la autoridad (Mateo 8:9). Se dio cuenta de que los demonios y las enfermedades estaban sujetos a la autoridad de Jesús.

En conclusión: *La autoridad está aquí para quedarse.* Siempre estaremos bajo la autoridad de alguien. Cuando lleguemos al cielo, todavía tendremos que someternos a la autoridad. Aquellos que escalan los peldaños divinos de la autoridad espiritual y logran grandes hazañas para Dios, son los que saben cómo someterse y fluir con autoridad. Dios nunca te va a exaltar a un cargo de mayor de autoridad hasta que aprendas a someterte a la autoridad.

Las reprensiones que te instruyen son camino de vida

La última clave para mantener una buena actitud es, *ser lo suficientemente grande para ser reprendido y corregido.* Proverbios 6:23 nos dice que las «repensiones que te instruyen» son el camino de vida. En la vida nos van a reprender y corregir porque somos humanos y cometemos errores. Si quieres madurar, nunca dejes de ser educable.

> *No reprendas al escarnecedor, para que no te aborrezca; corrige al sabio, y te amará.*
> *Da al sabio, y será más sabio; enseña al justo, y aumentará su saber.*

Proverbios 9:8,9

Si tú eres quien vas a reprender, sé entonces lo suficientemente sabio para *instruir* y *enseñar.* He visto personas que sienten un llamado a «reprender», pero en ningún momento enseñan ni instruyen. Ese tipo de repensión produce crítica y no tiene más resultado que las heridas y la disensión. Dios nunca designó a nadie para quebrantarle el espíritu a otro. Siempre debemos reprender con mansedumbre y amor, y dedicar tiempo a enseñar, para que la persona aprenda cómo hacerlo correctamente y qué hizo mal.

Por otro lado, si eres tú el que recibe la reprensión, no permitas que se hieran tus sentimientos. Debes tener la suficiente madurez para tomarlo y continuar sin albergar sentimientos de rencor ni ponerte a la defensiva. La Biblia dice con claridad que el hombre sabio recibe el consejo y juzga por sí solo (Proverbios 13:1). El hombre necio no escucha las reprensiones.

El camino del necio es derecho en su opinión; mas el que obedece al consejo es sabio.

Proverbios 12:15

El que tiene en poco la disciplina menosprecia su alma; mas el que escucha la corrección tiene entendimiento.

Proverbios 15:32

Hiere al escarnecedor, y el simple se hará avisado; y corrigiendo al entendido, entenderá ciencia.

Proverbios 19:25

Debo admitir que a lo largo de mi vida he conocido algunos necios. No aceptan ningún tipo de corrección. Sus fracasos y problemas siempre fueron culpa de otras personas. Siempre tienen la razón. ¿Qué podemos hacer con personas como esas? Mantenernos alejados de ellos mientras observamos lo que les sucede. Estas personas nunca podrán cumplir con la voluntad de Dios en sus vidas, porque nunca están dispuestos a admitir sus errores.

La Biblia nos dice que debemos juzgarnos a nosotros mismos y hacer las correcciones pertinentes cuando tengamos que cambiar. Si rehúsas juzgarte a ti mismo, tendrás que enfrentar juicio a causa del pecado en que vives.

Creo que hoy es muy importante estar rodeado de personas ante quien rendir cuentas de nuestro comportamiento, personas a quienes respetemos para que nos hablen acerca de nuestras vidas. Es por eso que la Biblia dice que nos sometamos al liderazgo que Dios llamó, para que ellos nos puedan ayudar si comenzamos a apartarnos. No podemos darnos el lujo de apartarnos de la voluntad de Dios en nuestras vidas.

Anda en humildad delante del Señor, y cuando te corrijan o te reprendan, recibe la corrección y aprende. Solo entonces podrás crecer hasta llegar a la posición que Dios desea que ocupes. Si no se poda, no hay crecimiento. El deseo de Dios es que en tu vida haya fruto, y que el mismo permanezca.

5

Principios para el trabajo en equipo

Deseo comenzar este capítulo con algo que el Espíritu Santo trajo a mi corazón, lo cual es una analogía entre un equipo de fútbol profesional norteamericano y el funcionamiento de una iglesia local.

Personas involucradas y puntos que recordar

I. Los entrenadores en la tribuna de la prensa. Ven el panorama general del campo y cómo se ubica la defensa. De acuerdo con lo que vieron, saben cuál es la mejor jugada ofensiva, y ellos son quienes dicen cuál jugada se debe ejecutar en el campo. Su tarea es observar la defensa con el propósito de identificar cualquier debilidad, y sacarle provecho a la misma en la próxima jugada.

Así es con el **Padre y el Hijo de Dios,** quienes se sientan en la tribuna de la prensa y dirigen las jugadas ofensivas. Conocen las tácticas y jugadas defensivas de los demonios, y cuál jugada puede ser útil en su contra. Pablo escribió que no debemos permitir que Satanás tome ventaja de nosotros, pues no ignoramos sus maquinaciones (2 Corintios 2:11).

En el universo hay tres cielos (2 Corintios 12:2). El primer cielo es el que está encima de la tierra donde vivimos, el segundo es el ámbito donde Satanás, los demonios y los ángeles residen, y el tercer cielo es donde se encuentra el trono de Dios. La Biblia enseña que Satanás es el príncipe de la potestad del aire. Dios observa el segundo cielo y con claridad identifica la defensa del diablo en contra de la iglesia.

Luego llama al Entrenador del equipo que se encuentra en el campo y le comunica lo que el diablo está maquinando, para que a su vez le diga al mariscal de campo cuál jugada debe poner en acción.

Los entrenadores que están en la tribuna de la prensa siempre graban un vídeo de cada jugada, con el fin de examinar la última jugada que se implementó, mientras que en el campo se está efectuando otra jugada. De esta manera ellos pueden analizar la defensa y ver cómo el equipo rival coloca sus hombres. Nuestro Padre posee la habilidad de ver el pasado, el presente y el futuro. Él sabe cuál es la jugada más adecuada para cada ocasión. A nosotros nos corresponde la responsabilidad de escuchar al **Entrenador en el campo de juego.**

II. El entrenador en el campo. Es el que asiste diciendo cuál es la jugada que se debe implementar, pero su tarea más importante es comunicar dicha decisión al mariscal de campo. Él está ahí para animar y fortalecer la confianza del equipo. No se ausenta del campo de juego hasta que el partido no haya concluido.

Por supuesto, en cuanto a la Iglesia se refiere, el **Espíritu Santo** es su Entrenador. Es el Entrenador Titular que siempre está con nosotros en el campo de juego (Juan 16:7). Cuando estamos cansados o lesionados Él siempre nos alienta y permanecerá con nosotros hasta el final del partido.

Cuando uno de los jugadores se siente desanimado por su rendimiento, el Entrenador comienza a levantar su confianza. Le dice al jugador que puede lograr su cometido y ganar el partido. Esa es la Palabra del Espíritu Santo para cada uno de nosotros. Podemos lograr nuestro cometido,podemos ganar el partido, somos el mejor equipo del Señor y nada es imposible con Dios de nuestra parte.

El Espíritu Santo solo dará a conocer e implementará aquellas jugadas que recibe del Padre (Juan 16:13.) Entonces él le comunica las jugadas al mariscal de campo.

III. **El mariscal de campo.** Es el comunicador principal en el campo de juego. De forma efectiva debe implementar las jugadas que los entrenadores le asignaron y es el que dirige la ofensiva. Para ganar el partido él depende por completo de que los entrenadores identifiquen los puntos débiles de la defensa. Para ganar el partido, el mariscal de campo debe ser fuerte y estar saludable. Ningún equipo puede ganar sin un buen mariscal de campo.

Este es el **Pastor**. Es el encargado de implementar las jugadas del equipo. Debe depender del Espíritu Santo para dar órdenes y seguir sus instrucciones. Logrará implementar la jugada adecuada y recuperar yardas en el campo de juego, si es obediente al Entrenador Titular, el Espíritu Santo.

De la misma manera que cualquier entrenador titular dirige su equipo de forma un poco diferente a otro, también el Espíritu Santo dirige cada iglesia local de manera diferente. Lo que funciona para una no siempre funciona para otra.

El Espíritu Santo desea que el pastor escuche de sus propios labios las jugadas que se van a implementar. Una vez que el pastor recibe la jugada, debe comunicarla correctamente al resto del equipo para que la misma funcione como es debido. Muchas jugadas fracasan y como resultado terminan con una penalidad porque los jugadores no conocían la jugada o en qué momento preciso debían ponerse en acción.

Los pastores también deben pasarle el balón a los otros «corredores», para que sus habilidades y talentos se puedan usar ganando yardas para el equipo. Cualquier mariscal de campo conoce los dones y los talentos que están disponibles para ayudar al equipo.

En nuestra analogía, el «balón de fútbol» es la visión, y la misma debe pasarse y transmitirse al personal ministerial, para que estos a su vez puedan ganar más yardas. Si un pastor acapara la visión por causa de inseguridad, tal acción le hará daño al equipo. Ningún mariscal de campo ganará el partido dependiendo solo de su esfuerzo.

De hecho, si un entrenado titular se percata de que un mariscal de campo rehúsa entregarle o pasarle el balón a otro jugador, lo pondrá en disciplina y lo sacará del partido si este no hace los ajustes necesarios. El mariscal de campo es el jugador más valioso del equipo, es quien controla la ofensiva. Pero el mariscal de campo reconoce que su éxito depende plenamente de los jugadores que lo rodean.

Puntos que recordar:

A. Ningún mariscal de campo puede ganar el partido por sí solo. Los demás jugadores deben cumplir con sus asignaciones para avanzar el balón. Los mariscales de campo se sienten frustrados, heridos, lesionados y hasta eliminados del partido, debido a que uno de los jugadores que deja la línea ofensiva permite que un jugador defensivo cruce la línea. Cada jugador debe cumplir con su asignación para que gane el equipo.

B. El mariscal de campo no puede hacer el trabajo de un miembro de la línea ofensiva y viceversa. Cada uno se preparó para desempeñar la tarea que le corresponde en su debida posición. Todos deben poner en práctica la misma visión que es anotar puntos y ganar el partido.

C. Antes de cada jugada, el mariscal de campo debe reunirse brevemente con los miembros de la escuadra que están en el campo. Es allí donde él les explica cuál jugada se ejecutará para que todos sepan su tarea para dicha jugada.

III. **Corredores y recibidores.** Estos, junto con el mariscal de campo, son los responsables de avanzar el balón. Por lo tanto, tienen que ser hombres fuertes, veloces y creativos para desplazarse sobre el campo. Ninguno de estos jugadores se debe preocupar por cuál de ellos está acumulando más yardas. Si uno de ellos sobresale avanzando el balón, entonces hay que poner el balón en sus manos. La meta es ganar el partido, en vez de estar preocupado por quién es el jugador que anota los puntos necesarios. Estos jugadores, al igual que el mariscal de campo, van a recibir la mayor parte del reconocimiento, debido a sus dones y talentos especiales.

Una vez que reciben el balón, depende de ellos pensar con rapidez y creatividad para avanzar el balón desde el territorio enemigo. Ellos dependen en todo momento de que los hombres en la línea ofensiva les abran paso. Lo primero que deben hacer es recibir el balón del mariscal de campo. Olvidarse de los pasos básicos dará por resultado perder el balón en manos del equipo contrario.

Estos son los **Ministros asociados**. Dios los dotó para correr con la visión y comunicarla al pueblo. Ellos tienen la libertad de ser creativos, pero no se deben olvidar de escuchar la jugada que el pastor desea implementar.

Ninguno de los corredores puede decir cuál será la próxima jugada, ya que solo el mariscal de campo puede hacerlo. Los corredores y recibidores tienen el derecho de comunicarle al mariscal de campo que la defensa se olvidó de ellos, o si creen que pueden abrir una brecha y pasar a través de la formación defensiva. Pero siempre dependiendo de que el mariscal de campo comunique la jugada al equipo.

Si los asociados reciben el balón del pastor, y corren en dirección opuesta a lo que dicta la jugada, se crearán grandes problemas. Ellos deben correr en la misma dirección que el resto del equipo. Igual que el entrenador titular envía a un mariscal de campo al banco, si este no presta debida atención a la jugada designada, también los pastores y el Espíritu Santo sentarán a los asociados si estos intentan hacer las cosas a su manera.

La creatividad sale a relucir una vez que están corriendo con el balón (la visión) en mano. Ellos deben reconocer que cada vez que anotan, es gracias al esfuerzo de todo el equipo y no solo el esfuerzo individual. Son muchos los jugadores de fútbol que se han llenado de orgullo al pensar que por ellos el equipo logró la victoria. Los asociados dependen del personal de oficina y ministerial para quitar los obstáculos del camino, permitiendo así que sus dones tengan la oportunidad de manifestarse. Hasta los atletas más dotados se detienen ante la línea defensiva cuando los jugadores que forman parte de la línea ofensiva no cumplen debidamente con la tarea asignada.

IV. **Los miembros de la línea ofensiva**. Estos son la columna vertebral y los caballos de trabajo del equipo ofensivo. Su trabajo es proteger al mariscal de campo y abrir paso para que los corredores acumulen cada vez más yardas. Deben estar atentos a cada jugada que se les comunica y el conteo que indica el momento preciso para comenzar dicha jugada, aunque estén cansados o lesionados. Estos hombres debe tener un alto nivel de tolerancia ante el dolor. No reciben muchos halagos, pero experimentan un gran gozo cuando su equipo anota. Siempre son los hombres más rudos y fuertes del equipo, y deben estar decididos a no permitir que la línea defensiva los domine. Su actitud es que ningún jugador defensivo saqueará al mariscal de campo ni derrumbará a nuestros corredores detrás de la línea ofensiva.

Este es el equivalente al **personal de oficina y al ministerio de ayudas**. Estos son la columna vertebral de la iglesia. Siempre deben estar fuertes, tener la actitud de un vencedor y la determinación de que ningún demonio podrá derrumbar a nuestro pastor. No siempre reciben la mayor parte del reconocimiento público, pero cada pastor y cada ministro asociado sabe que sin ellos, no son nada. Todos disfrutan la victoria por igual.

Deben escuchar atentamente al Pastor para saber en qué dirección va el equipo. Su gozo viene como resultado de ver que se añaden las almas al Reino porque ellos cumplieron debidamente con su trabajo.

Los equipos ganan a través de la unidad, la motivación de ganar, la determinación, la resistencia, la práctica y la habilidad. Todo esto también es igual en el ministerio. Cuando uno anota, todos anotamos. Cuando uno gana, el equipo completo gana. Al finalizar el juego del campeonato que lleva por nombre el *Superbowl*, todos los jugadores del equipo ganador reciben anillos y un cheque de bono, además de su sueldo. No importa la posición que un jugador ocupe, cada uno recibe el mismo premio. En la medida que seamos fieles a la posición que ocupamos, igual que los campeones del *Superbowl*, recibiremos de Dios la misma recompensa porque hicimos el trabajo que él nos llamó a hacer y ganamos como equipo.

Me gustaría discutir algunos de los principios del trabajo en equipo que son necesarios para cumplir la visión de la iglesia local.

Principios del trabajo en equipo

El primer principio es andar sin ofensa. La razón principal por la que se van las personas de las iglesias es porque se sienten ofendidas. En vez de lidiar con lo que se dijo o hizo, permiten que sus corazones se llenen de amargura y terminan dejando sus iglesias.

Hace poco vi un documental en la televisión sobre cómo los africanos atrapan los monos. Los monos son muy inteligentes, y por lo tanto, el africano tuvo que hacer algo para ser más ingenioso que el mono. Colocó una jaula en la tierra dentro de la cual había un objeto de color brillante. Dejaron abierta la puerta de la jaula para tentar al mono a entrar. Pero el mono no entraba a la jaula.

Así que los africanos cerraron la jaula y prepararon un alambre alrededor de la jaula de un tamaño tal que solo cabía la mano del mono. Cuando el mono vio el objeto brillante, metió la mano a través del alambre, agarró el objeto, pero no lo podía sacar de la jaula. La única manera que el mono tenía de quedarse libre era soltar el objeto brillante. Entonces el africano tomó un garrote, le pegó al mono en la cabeza y lo mató. Cualquiera hubiera pensado que el mono iba a actuar de manera más inteligente.

Muchos creyentes que hoy día están apartados de los caminos del Señor, son como este mono. Meten la mano en la jaula del «diablo», deciden aferrarse a una ofensa y rehúsan soltarla. Él los golpea con enfermedades, rencillas y todo tipo de problemas matrimoniales, familiares y económicos. Se dejaron conquistar por la amargura, y esta los está destruyendo.

Para ser libres y permanecer libres de tal trampa, lo único que tienen que hacer es deshacerse de las heridas. Dios puede restaurar y sanar inmediatamente a una persona si esta decide perdonar las ofensas y se arrepiente de toda amargura. Algunos lectores se han sentido heridos por sus pastores o líderes de la iglesia, y han permitido que tales sentimientos se acumulen en sus corazones. Si estás dejando o ya dejaste tu iglesia, ¡detente, por favor! Acude al pastor o a la persona que te ofendió y solicita su perdón. Es la única manera de experimentar verdadera paz en tu corazón y en tu familia.

Cualquiera puede ofenderse, herirse y marcharse de su iglesia, pero hace falta ser un verdadero hombre o mujer de Dios para resolver y corregir el agravio. Bíblicamente no existe razón alguna para albergar rencor y vivir llenos de resentimiento. Y hay muchas razones para no hacerlo. Mateo 18:34,35 dice:

Entonces su señor, enojado, le entregó a los verdugos, hasta que pagase todo lo que le debía.
Así también mi Padre celestial hará con vosotros si no perdonáis de todo corazón cada uno a su hermano sus ofensas.

El próximo principio para el trabajo en equipo es: usar todos tus talentos y habilidades. La iglesia debe funcionar como un equipo, y para que esto suceda, el equipo necesita tus talentos y habilidades. Creo que en tu vida hay talentos escondidos esperando que los uses. Mientras sirves fielmente en el lugar o puesto donde estás, comienzas a desarrollar las habilidades que hay dentro de ti. El Creador mora en ti. Ora y confía en él para que su perfecta voluntad se cumpla en tu vida.

En Mateo 25 encontramos la parábola de los talentos que enseñó Jesús. Mateo 25:13,14 dice:

Velad, pues, porque no sabéis el día ni la hora en que el Hijo del Hombre ha de venir.
Porque el reino de los cielos es como un hombre que yéndose lejos, llamó a sus siervos y les entregó sus bienes.

Jesús estaba comparando el reino de Dios con un hombre que emprendió un largo viaje y decidió reunir a sus siervos. Esta parábola nos muestra a Jesús como el que emprende el viaje, nos llamó a ti y a mí y nos entregó sus bienes. Así que cada uno de nosotros recibió algo de parte de Jesús.

Mateo 25:15 dice:

A uno dio cinco talentos, y a otro dos, y a otro uno, a cada uno conforme a su capacidad; y luego se fue lejos.

Jesús usa el dinero como ejemplo, pero si continuamos leyendo el capítulo 25 encontrarás las siguientes palabras en el verso 35:

Porque tuve hambre, y me disteis de comer; tuve sed, y me disteis de beber.

Esto nos muestra que no se estaba refiriendo solamente al dinero, sino también a nuestros dones y llamado que debemos usar para ayudar a los demás. Así que voy a usar la palabra talentos para referirme a nuestros dones y llamado. Jesús le dio a uno cinco talentos, y a otro dos talentos, y a otro uno. Entonces, emprendió su viaje después que resucitó de entre los muertos y ahora nos ha dejado, a cada uno de nosotros, ciertos talentos para usarlos en su Reino.

Sin embargo, tal vez digas: «Hermano Nance, yo no tengo dones ni talentos».

Pero sí los tienes, de acuerdo con 1 Pedro 4:10 que nos dice que cada uno de nosotros recibió dones de parte de Dios. En este asunto no tenemos decisión alguna; Jesús es quien repartió los talentos. Por lo tanto, si tú tienes dos talentos y otra persona tiene cinco, de nada te sirve sentir celos o quejarte.

Antes de yo nacer, Dios no me llamó a comparecer ante su trono para decirme: «Terry, ya estoy listo para permitir que nazcas en la tierra, pero antes de que vayas quiero saber ¿cuáles talentos te quisieras llevar?»

Yo le diría: «¡Muy bien, Señor! Dame el don de apóstol, el don de profeta, y ya que estamos en esto, añádeme también unos cuantos dones de sanidad y otros para obrar milagros».

Lo cierto es que cada uno de nosotros es solo responsable de sus dones y llamado, y no por el de los demás. Mateo 25:19 nos dice que llegará el día de «arreglar cuentas». Romanos 14:10 dice que tendremos que comparecer ante el tribunal de Cristo.

Estoy seguro de que no me tendré que presentar ante Dios para rendirle cuentas por la habilidad de tocar la batería. No puedo tocar la batería porque tengo muy poco ritmo. Y si no lo tengo, pues no lo tengo. Pero tengo otras habilidades que puedo usar para bendecir al reino de Dios.

Al leer los versículos 22 y 23, verás que Jesús le dice al que recibió dos talentos lo mismo que al que recibió cinco talentos. Esto nos demuestra que si somos fieles en el cumplimiento de lo que Dios nos dio, recibiremos la misma recompensa. Dios solamente te hace responsable de lo que te ha dado. Si soy fiel para hacer lo que Dios me llamó a hacer como Asociado Titular de la Iglesia Ágape, y el Pastor Caldwell es fiel para hacer lo que Dios lo llamó a hacer, entonces recibiremos la misma recompensa, porque fuimos fieles con los dones y el llamado que ambos recibimos.

El Espíritu de Dios dice en forma clara y precisa que ya es tiempo de activar nuestros dones. No queremos ser como el siervo de la parábola que recibió un talento y lo enterró. A ese hombre se le llamó un siervo «malo y negligente».

Tú eres parte de un equipo, y una cadena solo es tan fuerte como su eslabón más débil. Por lo tanto, levántate y ata todo temor y echa fuera de tu vida todas las heridas y ofensas, y comienza a hacer algo a favor del Reino. Dios comenzará a añadir dones a medida que tú comiences a usar los dones que ya posees.

No seas como el hombre que oró diciendo: «¡Señor, úsame! ¡Úsame!» y después de trabajar por un tiempo en la iglesia regresó al Señor y le dijo: «¡Señor, me siento usado!»

Dios no crea «personas desechables»

El próximo principio para el trabajo en equipo es uno de los principales: Reconocer que eres importante y necesario. Dios nunca creó nada para desechar. En el sistema mundial les atribuimos gran valor a las cosas que son de un solo género. Estos son los artículos de incalculable valor. Debes entender que Dios te creó como un ser único y que eres un precioso regalo dado a la iglesia.

Si con detenimiento examinas 1 Corintios 12:12-25, verás la importancia de cada miembro del cuerpo. El apóstol Pablo hizo una comparación entre el cuerpo humano y el cuerpo de Cristo, y señaló que el cuerpo tiene muchos miembros, pero todos trabajan como un solo equipo.

Así es como el cuerpo de Cristo y las iglesias locales deben funcionar. Al leer los versículos donde Pablo señala que el ojo no puede prescindir de la mano y viceversa, vemos que él dice que no debe haber desavenencia entre los «miembros» del Cuerpo.

Nuestras manos, pies y ojos son partes importantes del cuerpo físico. Nuestra apariencia sería bastante cómica si nuestro cuerpo solo fuese una inmensa nariz. Gracias, Dios, porque no nos creaste así. Eres lo que Dios creó en el cuerpo de Cristo, y eres un miembro vital. El propósito en todo esto es conectarte con los demás miembros y trabajar juntos para cumplir una meta en común.

Y Pablo escribió que Dios fue quien colocó los miembros en el cuerpo como él quiso. Dios nos creó como individuos únicos y nos dio cualidades que nadie más posee con la misma exactitud. Cada creyente tiene algo valioso que ofrecer a Dios y al Cuerpo. Por lo tanto, si soy llamado a funcionar como una mano, entonces de mí depende ser la mejor mano posible. Mis dones y talentos agradan a Dios, y por eso sé que soy valioso para el equipo.

Pablo señaló que hasta los miembros del cuerpo que son débiles, menos dignos y menos decorosos, son tan importantes como los demás. Por ejemplo, el hígado no tiene nada de hermoso, pero debemos reconocer que no podemos vivir sin él. Creo que los miembros internos del cuerpo representan los ministerios de ayudas. Siempre están trabajando tras bastidores y uno casi nunca los ve.

He escuchado a maestros que se refieren a los que pertenecen al ministerio de ayudas como individuos de una categoría más baja o como «jugadores de segunda mano» dentro del Cuerpo. Esta actitud me llena de mucha tristeza, y creo que así se debe sentir el Espíritu Santo también. En el desempeño de sus tareas, los ministerios de ayudas son tan importantes delante de Dios como ser apóstol, profeta, evangelista, pastor o maestro.

Un gran evangelista me contó que soñó que se encontraba frente al trono de Cristo el día del juicio. Sobre una mesa había diversos tipos de coronas, pero en el medio se encontraba una corona gigantesca adornada con joyas preciosas, la cual superaba en belleza a todas las demás.

Él se detuvo allí y pensó: «Esa debe ser mi corona, por haber ganado millones para Cristo».

Finalmente, un ángel lo llamó por su nombre y tomó en sus manos una corona pequeña que estaba al lado de la que él había estado admirando. El evangelista detuvo al ángel y le preguntó si él le reconocía y si sabía que había ganado millones de almas para Cristo.

Pero el ángel le dijo: «Sí, pero esta es la corona que te pertenece». El evangelista se sintió triste y un poco perturbado al recibir una corona tan pequeña.

Entonces se escuchó al ángel mencionar el nombre de una anciana, esta se acercó y en su cabeza le colocaron la enorme corona. Inmediatamente el evangelista se interesó en saber quién era la anciana, y el ángel le dijo: «Esta es la mujer que fielmente oró por ti».

El evangelista recibió una revelación de que Dios dice que a veces él le da un honor más abundante a los miembros que nos parecen que son los menos importantes (1 Corintios 12:22-24).

Si piensas cumplir con la parte que te corresponde dentro del Cuerpo, debes dejar de considerar tu falta de habilidades y comenzar a usar las que tienes. Conéctate con los demás miembros, sé fiel a tu iglesia local y comienza a servir de acuerdo con la visión de la iglesia.

Sirve de acuerdo con la visión de tu iglesia

En Hechos, capítulo 4, la Biblia nos enseña que a los discípulos los estaban amenazando por orar en el nombre de Jesús. Estos se reunieron con los demás hermanos y comenzaron a orar; y cuando hubieron orado, el lugar en el que estaban congregados tembló; y todos fueron llenos del Espíritu Santo, y hablaban con denuedo la Palabra de Dios.

Hechos 4:32 hace un importante señalamiento: «La multitud de los que habían creído era de un corazón y un alma». En otras palabras, estaban de acuerdo. Esa es precisamente la clave para ver un gran temblor del Espíritu Santo en nuestras iglesias y ciudades. Cuando nacimos de nuevo todos éramos de un mismo corazón, porque todos pertenecemos a Jesús. Pero, ¿somos todos de «un alma»?

Sobre ellos descendió una unción corporativa, porque estaban en unidad. Todos tenían la misma visión: llevar el Evangelio por todo el mundo sin importar el costo personal. Ellos estaban decididos a permanecer unidos, reconocer la autoridad de los apóstoles, y seguir lo que a través de ellos Jesús les decía.

Dios comunica su visión al corazón del pastor local, y esa visión debe penetrar al corazón de cada creyente. Entonces, con un mismo corazón y alma, ellos deben servir para cumplir dicha visión. La unción corporativa sobre una iglesia local tiene el poder de impactar toda una ciudad.

¿Cuál es la visión de tu iglesia local? ¿Qué está diciendo Dios a través de tu pastor? Aprópiate de esa visión y comienza a servir al lado de tu pastor, de todo corazón y alma. Pablo exhortó a los corintios para que hablen todos una misma cosa y que entre ellos no haya divisiones (1 Corintios 1:10).

Si estás tratando de hacer cumplir la visión que Dios no le ha dado a tu pastor, entonces vas a crear división. Tienes que detenerte y unirte a lo que el Señor le está diciendo a tu pastor para que comiences a servir en una misma dirección.

¿En realidad deseas hacer grandes hazañas para Dios? ¿Estás dispuesto a encontrar cuál es tu lugar dentro del Cuerpo y conectarte con los demás miembros de tu iglesia local? ¿Estás listo para ejercer los dones y talentos que Dios te dio? Si es así, entonces comienza a servir activamente. Dios no te va a obligar. Él permite que ejerzas tu derecho a escoger. Pero piensa todas las cosas que se pueden lograr a favor del reino de Dios cuando comiences a hacer la parte que te corresponde.

Todos somos llamados a ser escuderos el uno para el otro. Y este compromiso es una responsabilidad para toda una vida. Ahora es el momento para levantar en alto tu espada espiritual y unirte a las filas del gran ejército de Dios. Lograremos juntos la victoria, porque allí donde uno hace que huyan mil, dos harán que huyan diez mil.

El último principio para el trabajo en equipo es: *descansa en el Señor, y permite que sea él quien te dirija en el cumplimiento de Su perfecto plan para tu vida.* Debes aprender a confiar en Dios y dejar que sea él quien haga cumplir el curso que para ti ha trazado. No debemos apoyarnos en nuestra propia prudencia, porque Dios es el que enderezará nuestras veredas (Proverbios 3:5,6).

Mientras cursaba estudios en Rhema durante el año 1979, el Señor nos dirigió a renunciar al trabajo que desempeñábamos en una iglesia, y que tan solo asistiésemos a otra. Entonces, por primera vez en mi vida, me enfrenté a la realidad de no tener que estar todo el tiempo en la iglesia. Sin embargo, Kim y yo nos aseguramos de asistir tres o cuatro veces a la semana.

Comencé a trabajar media jornada en una tienda de zapatos, y Kim trabajaba como asistente privada en un hogar de ancianos. Durante siete u ocho meses estuve llegando al trabajo diez minutos antes del comienzo de mi turno para sentarme en mi auto y expresar las siguientes palabras:

«Recibí un llamado, y no voy a vender zapatos y oler pies malolientes durante el resto de mi vida. Señor, cuando yo salga de este auto, te daré las gracias porque me dirigiré hacia el ministerio en el cual estoy trabajando jornada completa».

Creímos a Dios en cada aspecto de nuestras vidas, especialmente en el área económica. Kim les hablaba de Jesús a los ancianos que ella atendía. Ellos se convertían, y por ser tan ancianos pronto morían. Mientras estaban vivos, Kim recibía un sueldo. Cuando morían, ¡Kim quedaba desempleada!

Fui al hogar de ancianos y les declaré: «Ustedes vivirán y no se morirán», pero de todas formas se morían. Le pregunté a Kim por qué razón ella terminaba cuidando a los pacientes que ya no tenían esperanza alguna de salvarse. ¿Por qué razón nunca le asignaban pacientes con una expectativa de vida más prolongada?

Tres semanas antes de que concluyera el año escolar, murió otra de las señoras que Kim cuidaba. Entonces mi jefe me llamó y me dijo que en tres semanas su hijo tomaría control del negocio, y que no me iba a necesitar. Así nos vimos mi esposa y yo sin trabajo, y sin la probabilidad de unirnos al personal ministerial de una iglesia.

Todas las iglesias que contactamos deseaban saber si mi esposa tocaba el piano y cantaba. Bueno, ella cantaba, pero no tocaba el piano, su respuesta era: «Lo sentimos. Necesitamos alguien que tenga talento».

Yo comencé a pensar: «¡Querido Señor, yo bien podría ser el mayor de los necios, o un gran ladrón, pero si mi esposa tocara el piano yo podría ingresar al ministerio!»

Cierta noche me sentí tan deprimido que me acosté en el piso de nuestro departamento y lloré hasta más no poder. Como nunca antes me vi en una gran fiesta de autocompasión. De pronto, en medio de esto, el Señor Jesús interrumpió mi fiesta. Su voz fue clara y precisa.

Me dijo: «Hijo, ¿por qué lloras? ¿Acaso no sabes que estoy aquí arriba intercediendo por ti?»

Temblé de pies a cabeza. De un brinco me puse en pie y comencé a gritar, bailar y alabar a Dios por su misericordia. Yo no sabía cómo Dios lo iba hacer, pero en ese momento me aseguré de que Él tenía un plan para mi vida.

Al siguiente domingo por la mañana, en la iglesia, un joven al que nunca había visto se me acercó. Él conoció a mi madre y vio una foto mía cuando estuvo de visita en la iglesia de mis padres en Arkansas. Este joven no me estaba buscando, pero esa mañana dio la «casualidad» que se sentó en la misma fila donde yo estaba y me reconoció. Me invitó a almorzar.

Tres semanas después nos graduamos de Rhema y decidimos regresar a mi pueblo natal, Magnolia, Arkansas, donde yo podría trabajar en la tienda de zapatos de mi hermano. Sin embargo, cuando llegamos a casa de mis padres, mi hermano dijo que no podría usarme en la tienda. Las cosas empezaban a empeorar con rapidez.

Antes de partir para Tulsa, recibimos una invitación para dirigir un seminario en la Florida. Y justo antes de partir, el joven que conocí en la iglesia de Tulsa nos llamó y nos dijo acerca del Pastor Happy Caldwell. Este hermano había comenzado una iglesia en Little Rock y estaba buscando quien lo ayudara. El joven preguntó si yo estaría interesado en reunirme con el Pastor Caldwell. Demás está decir que no necesité verificar mi agenda ministerial, porque no la tenía.

Después que regresamos de la Florida, fuimos a Little Rock. Se presentaron muchas otras «conexiones divinas» que Dios preparó en el camino, para que de esa forma mi esposa y yo conociéramos a los Caldwell y los ayudáramos con la visión de alcanzar a Little Rock para Jesús.

Como ves, Dios es el mejor «jugador de ajedrez» que jamás existirá. Él sabe cómo y dónde colocarte. Tal vez te encuentres en cierto lugar y sin entender por qué, pero si confías en Dios, al final verás que Él siempre estuvo obrando su plan divino.

En este libro he narrado algunos de los muchos retos de mi vida como ejemplo de aquellos que enfrentarás si estás en la voluntad de Dios. Pero de todos ellos él nos ha librado. Él orquestó los sucesos de nuestra vida con el fin de plantarnos donde él quiso. Es muy cierto que Dios nos ha hecho *Florecer donde nos plantó.*

Muchos son los llamados, y pocos los escogidos. Entrar en el ámbito de los escogidos de Dios requiere oración, fe, integridad, diligencia y excelencia en el ministerio. Es tu decisión que todos estos se cumplan en tu vida y que se sometan a la voluntad de Dios, sin considerar el costo personal.

Todos somos escuderos de Dios, marchando hacia delante para servir en este mundo, y haciendo lo que nos corresponde en la tarea de evangelizar a las naciones. No seamos débiles en nuestra fe mientras continuamos divagando en cuanto a nuestro llamado se refiere. Hagamos lo que esté al alcance de nuestras manos, sirvamos a los líderes que Dios llamó y oremos por un mover del Espíritu de Dios en estos últimos días.

Esta es *nuestra* generación, nuestro día y hora, y *nuestro* momento para levantarnos y ser las luces que Dios desea que seamos. Nosotros somos el ejército de Dios, la voz de Dios, el instrumento de Dios sobre la tierra: *Somos las iglesias locales.*

Acerca del Autor

TERRY NANCE es graduado del Instituto Bíblico del Sur de las Asambleas de Dios y del Centro de Capacitación Bíblica Rhema. Trabajó veintitrés años en la Iglesia Ágape, en Little Rock, Arkansas como asociado principal y director ejecutivo de la Alianza Misionera Ágape.

En la actualidad, Terry es presidente del ministerio *Focus On The Harvest*. Su visión es levantar una nueva generación de liderazgo dentro de la iglesia local que apoye como escuderos a sus líderes para alcanzar su ciudad, estado, nación y el mundo. Este ministerio está revitalizando la iglesia local a través de escuelas de liderazgo para escuderos, las cuales dirige cada semana en todas las denominaciones.

Terry ha escrito varios superventas, inspirando a cientos de miles de creyentes a apoyar a sus líderes en servicio fiel, ayudarlos a cumplir la visión de Dios y a someterse por completo como para el Señor.

Terry y su esposa, Kim, han estado casados por más de treinta años, y tienen tres hijos: McCall, Alex y McKenna.

Para comunicarte con el autor escribe a:

Terry Nance
Agape Church
P.O. Box 22007
Little Rock, Arkansas 72221-2007

*Por favor, cuando escribas, incluye tus
peticiones de oración y tus comentarios.*

NOTAS